THÉATRE. - NOUVELLE SÉRIE. — N° 77

N° 11

LA PETITE ILLUSTRATION

Revue hebdomadaire publiant des romans inédits et les pièces nouvelles jouées dans les théâtres de Paris.

Aucun numéro de La Petite Illustration *ne doit être vendu sans le numéro de* L'Illustration *portant la même date.*

ABONNEMENT ANNUEL

L'Illustration et *La Petite Illustration* réunies : France et Colonies, 100 francs ; Étranger, 140 francs.

13, RUE SAINT-GEORGES, PARIS (9e)

Le Reflet, au Théâtre Fémina.

La personnalité de M. Pierre Frondaie, poète, auteur dramatique et romancier, s'est depuis longtemps affirmée avec assez de vigueur et d'éclat et nous l'avons assez longuement analysée à l'occasion des huit pièces que *L'Illustration* a déjà publiées de lui (1), pour qu'il soit utile de nous y attarder.

Passons directement à la « revue de la presse », particulièrement intéressante cette fois, M. Pierre Frondaie ayant, par une sorte de radioactivité en retour, le don d'animer, non seulement de façon directe, tout ce dont il s'occupe, mais encore indirectement, tout ce qui le concerne.

Voici d'abord comment il a expliqué, aux lecteurs du *Journal*, l'idée initiale et la philosophie de sa nouvelle œuvre :

« Je ne sais si l'homme a appris à vivre et par conséquent sait vivre plus longtemps aujourd'hui qu'aux siècles passés, mais les statistiques l'affirment sans doute. En tous les cas, l'époque de l'amour ne paraît plus celle de l'extrême jeunesse et les amants, à l'âge de Roméo, ne sont guère pris au sérieux. Ce sont à peine des gigolos. Molière peignait tous ses amoureux des couleurs vives du printemps. Ce sont des fruits de l'aurore. Oncques ne leur vit jamais de la barbe au menton. Ce sont des gamins, des bleuets et non des poilus. Mais, en retour, le vieillard de Molière, le barbon, celui qui ne peut plus se faire aimer et que la passion torture, est un gaillard de quarante ans. Arnolphe, aujourd'hui, nous étonnerait d'être au Sénat. Nous nous dirions : « Eh quoi ! déjà ? »

« Depuis vingt-cinq ans environ, grâce au bienfaisant Maurice Donnay, tout est changé, en effet. De l'heure où Lucien Guitry joua *Amants* — moi, j'étais trop petit pour voir ça, et j'allais alors au Châtelet — il fut établi que l'amant moderne, l'amant type, avait quarante ans. Tout le répertoire contemporain pullule de ces héros mûris. J'en suis personnellement très aise et, venant d'entendre sonner trente-huit coups à mon horloge — celle qui sonne une fois par an — je suis tout à fait de l'avis de Donnay et de mes autres confrères : un amant doit avoir la quarantaine. C'est son aurore.

« Quarante ans, et quelques de plus, pour un homme, c'est tout jeune. J'ai pensé que, pour une femme, ce n'était pas non plus la jeunesse morte.

« C'est *le Reflet* que j'avais appelé d'abord *Un portrait de femme*, pour bien marquer qu'il s'agit plus d'une étude de physionomie, d'une notation d'expressions féminines, que d'un tableau dont tous les personnages seraient éclairés.

« Cette femme est amoureuse et elle a peur de l'amour parce qu'elle a deux fois vingt ans. J'ai pris soin, dans ma comédie, qu'elle soit créole. Une Parisienne n'aurait pas de ces craintes-là. Heureusement !

« Mais elle remporte la victoire, encore que, comme Annibal, elle ne sache pas en profiter. Elle la remporte sans la chercher. Sans viser, elle atteint le but, le cœur aimé. Elle l'atteint parce qu'elle est à l'apogée de sa sensualité, à l'heure où son mystère se révèle par sa richesse, à l'heure où tout s'incendie dans les premières lueurs magnifiques du crépuscule.

« Aimer ? Qui sait aimer ? Tout le monde, sans doute, croit le savoir et chacun ressent les blessures que lui font les flèches du dieu. Mais l'amour n'est pas qu'une faculté, c'est un art. Ce n'est pas la jeunesse qui en a la maîtrise. A vingt ans, on sait être aimé, et encore pas toujours très bien. A quarante ans, on sait aimer. On a, comme l'héroïne du *Reflet*, *le soin constant d'orner l'amour*. Et dans un état d'exception, qui marie la folie à la sagesse, on voit, au fond du miroir dans lequel on se regarde, surgir derrière le masque du plaisir le visage terrible et toujours inconnu de la passion. »

M. Pierre Frondaie.

Juliette de Crigan et Emm[illegible] B[illegible]

***

Le soir de la générale, un véritable succès fut fait au premier et, plus encore, au second acte, tout empli d'une passion voilée qui peu à peu se dénude avec de longs frémissements. Au troisième acte, quelques résistances se produisirent, en partie dues à une mise en scène hardie et même imprudente. M. Antoine, qui alla voir *le Reflet*, un peu plus tard, en se mêlant au public, un soir de représentation ordinaire, ne sentit pas ces résistances chez ses voisins de fauteuil, qui lui semblèrent prendre, au contraire, le plus vif intérêt aux quatre actes. Et le célèbre critique de *l'Information* précisa ainsi son appréciation :

« Au fond, *le Reflet* est une pièce fort bien faite : M. Frondaie est l'un des hommes du temps présent connaissant le mieux leur métier ; même peut-être, le connaît-il trop, et quelquefois son habileté, sa volonté trop visible de nous « avoir » se tournent contre lui. Seulement, si l'adaptateur de *l'Homme qui assassina* et de *la Femme et le Pantin* possède des dons rares d'ajusteur et de maître ouvrier, cette sûreté de main devient moins certaine lorsque, comme dit l'un des personnages de Dickens, il travaille sur son propre fonds. Chez M. Frondaie, le don de création n'est pas égal au métier et si, presque toujours, comme dans *le Reflet*, il nous montre des personnages vivants, c'est pour les situer dans des attitudes de convention. Il y a, par exemple, dans *le Reflet*, une figure de femme

---

(1) *M[illegible]*, 16 décembre 1910 ; *La [illegible]*, 11 février 1911 ; *L'Homme qui assassina*, 22 mars 1913 ; [illegible] 1913 ; *La M[illegible]*, 24 [illegible] 1920 ; *Colette Baudoche*, 18 septembre 1920 ; *L'Appassionata*, 18 décembre 1920 ; *Le Reflet*, 28 mai 1921.

PIERRE FRONDAIE

LE REFLET

PIÈCE EN QUATRE ACTES

JE DÉDIE RESPECTUEUSEMENT CETTE PIÈCE
A *Mme ELEONORA DUSE*
QUI, EN EXPRIMANT LE DÉSIR DE LA JOUER,
LUI A APPORTÉ,
AINSI QU'A Mme JEANNE ROLLY, SA CRÉATRICE,
L'APPROBATION DU GÉNIE.

PIERRE FRONDAIE.

Le Reflet *a été représenté pour la première fois, le 9 juin 1922,
au Théâtre Femina.*

DISTRIBUTION

Gaston de Ruppert..........................	MM. J. Dax.
La Fourcade..............................	Candé.
P. de Grigan............................	J. Ayme.
R. Baïta..................................	Mayen.
R. de Grigan.............................	C. Laby.
De Langet................................	Brévannes
De Mortac................................	Lomon.
L'Hôtelier...............................	Rizzi.
E. Baïta..................................	Mmes J. Rolly.
Duchesse de Grigan........................	J. Darcourt.
Juliette de Grigan........................	M. Lambert.
Antoinette................................	De Kérivoual.

LE REFLET

ACTE PREMIER

Chez la duchesse veuve de Grigan. Un grand salon. Derrière un parc majestueux. Mois d'août. Soleil.

Scène première

GEORGES DE RUPERT, LA FOURCADE, LA DUCHESSE

RUPERT, prenant un cigare des mains de La Fourcade. — Vraiment, monsieur La Fourcade, vraiment, vous allez repartir si tôt?

LA FOURCADE. — Pas si tôt! Dans un mois, peut-être deux.

LA DUCHESSE, travaillant à une tapisserie. — Voilà, mon frère, une belle réponse! Vous vous ennuyez chez votre sœur?

LA FOURCADE, se récriant. — Je n'ai rien dit de pareil.

LA DUCHESSE, même jeu. — Monsieur de Rupert, je vous prends à témoin!

RUPERT, gaiement. — Votre frère, Madame, n'a pas dit qu'il s'ennuyait. Mais je le soupçonne d'une espèce de nostalgie, de mal du pays...

LA DUCHESSE, se récriant à son tour. — De mal du pays? En voilà bien d'une autre! Mais est-ce que ce n'est pas ici son pays comme le mien? Est-ce que notre vieille Dordogne n'a pas tout le charme qu'il faut, avec sa douceur verte, ses paysages robustes? Vous n'êtes que de passage ici, vous, Rupert, et vous êtes un Parisien...

RUPERT. — Croyez, madame, que, pour ma part, j'apprécie hautement d'être en Dordogne et d'y être votre hôte. Vous verrez d'ailleurs l'hommage que je rends à votre terroir, si vous me faites l'honneur de lire mon prochain livre.

LA DUCHESSE, travaillant toujours. — C'est ici que vous situez votre roman? Certainement, je le lirai... bien que je n'aie plus l'âge de lire des romans...

LA FOURCADE, riant. — Vous n'avez jamais eu l'âge. Une romanesque et vous, Marie, cela a fait, toujours, deux types de femmes bien différents.

RUPERT, riant. — Je m'en doute un peu.

LA DUCHESSE. — Ne m'en veuillez pas pour cela. Nous vivons à une époque qui me déplait. J'ai mis le nez, de temps en temps — autrefois — dans vos Daudet, vos Maupassant...

LA FOURCADE, riant. — Vos Zola...

LA DUCHESSE, riant à son tour. — Je n'ai pas été jusque là. Mais, bref, les romanciers sans doute font leur devoir en décrivant la vie telle qu'elle est devenue... — malheureusement — et moi, je fais le mien en ne les lisant pas. Je suis une vieille aristocrate un peu boudeuse; et j'aime encore moins ceux qui parlent de nous. Je suis comme l'Académie. Je me suis crue obligée de recevoir M. Henry Bordeaux, mais quant à le lire... c'est un fait exprès, je n'avais jamais mes lunettes. Pour vous, Rupert, je ferai une exception...

RUPERT, gaiement. — A cause de la Dordogne!

LA DUCHESSE. — Comme vous dites. Et puis parce que je vous aime bien. Vous êtes un peu de la maison. Cependant qu'un homme né se soit mis à écrire, cela m'a toujours chiffonnée...

RUPERT. — Mon Dieu, Madame, écrire fut longtemps une espèce de monopole des grandes classes. Est-ce que Montaigne, Saint-Simon?... sans compter Mme de Lafayette dont les romans avaient ce qu'on appelle aujourd'hui un gros tirage!

LA FOURCADE, de bonne humeur. — Ne vous frappez pas, Rupert, ma sœur est ainsi. Elle m'en veut, au fond, de n'avoir pas tourné le dos au régime et d'être magistrat de la République. Le duc, mon beau-frère, partageait cette rancune. Cependant, il était général.

LA DUCHESSE. — C'est autre chose. Et puis, n'est-ce pas, Rupert, mon frère se vante! Magistrat? Si peu! Est-ce qu'on est magistrat aux colonies? On est touriste.

RUPERT, riant. — On est roi.

LA FOURCADE. — Vous voyez, ma sœur, vous n'êtes que duchesse, et je suis roi. J'ai mieux réussi que vous, puisque enfin nous sommes nés bourgeois.

LA DUCHESSE, levant le nez de sa tapisserie. — De vieux grands bourgeois de la Dordogne, et réactionnaires, sont déjà loin du Tiers-Etat. Est-ce qu'une commode Louis-Philippe a les airs scandaleux, dévergondés, de votre modern-style? Vous ne me convaincrez pas! D'ailleurs vous n'entendez plus rien à rien. Vous êtes un vieux fou colonial. Je vous aime toujours, mais il y a longtemps que je ne vous connais plus.

RUPERT. — C'est donc si admirable que ça, les colonies, monsieur La Fourcade?

LA FOURCADE. — Ça dépend lesquelles. Il est bien évident que la Côte d'Ivoire...

RUPERT. — Mais le désert?

LA FOURCADE. — Rien n'est plus beau!

RUPERT. — Et la Réunion?

LA FOURCADE. — Rien n'est plus charmant... Ne riez pas, ma sœur.

LA DUCHESSE. — Ah! par exemple, si! Votre Réunion, une petite île de rien du tout...

LA FOURCADE. — Elle est charmante! C'est l'île colibri. Les fruits sont ceux du paradis.

RUPERT. — Et ils ne sont pas défendus.

LA FOURCADE. — On y vit doucement, harmonieusement. Le temps est beau. Les femmes...

LA DUCHESSE. — Je n'en connais que deux : Joséphine de Beauharnais, qui ne me plaît pas du tout, et votre Mme Emma Baïta, qui ne me plaît qu'à moitié.

RUPERT, riant. — Elle est pourtant bien gentille.

LA DUCHESSE. — Vous trouvez vraiment?

RUPERT, sincère. — Je trouve vraiment.

LA FOURCADE, plus sérieux. — Vous ne trouverez jamais assez. Je la connais. Elle est un peu étrange...

LA DUCHESSE, recommençant sa tapisserie. — Vous pouvez le dire...

LA FOURCADE. — Mais si respectable, si bonne! Depuis un mois qu'elle est au château, vous avez pu la juger.

LA DUCHESSE. — J'avoue qu'elle gagne à être observée... C'est une bonne femme.

LA FOURCADE. — Elle est très jolie! N'est-ce pas, Rupert?

RUPERT. — Elle a du charme.

LA FOURCADE. — Elle est très jolie! Cherchez un peu, parmi les autres mamans que vous connaissez, une autre Emma Baïta? Elle a quarante-quatre ans, et elle est charmante. Elle a été quelque chose de radieux à vingt ans. Elle a été aimée et jamais, depuis son veuvage, elle n'a eu l'air de le savoir. Je ne suis pas, Marie, si colonial que vous croyez : j'ai encore le vieux bon sens de la Dordogne. Croyez que, si j'ai amené ici Mme Emma Baïta, si je vous ai priée de la recevoir, elle et son fils, c'est que je pouvais le faire. Evidemment, évidemment... ici... c'est un peu guindé... l'air du vieux pays, la tradition... nous ressemblons un peu aux cygnes moroses du grand étang et Emma Baïta... est peut-être un peu cacatoès... mais, je vous le répète, elle est digne de votre amitié.

LA DUCHESSE, *très gentiment.* — Aussi l'ai-je accueillie, et de bon cœur. Mais elle m'étonne toujours un peu.

LA FOURCADE, *sérieux.* — Vous avez raison : elle est étonnante. Une femme qui, si vite, a consenti à n'être qu'une mère, cela ne se rencontre pas tous les jours... surtout qu'elle n'avait pas la tradition, notre armature à nous.

LA DUCHESSE, *moqueuse.* — Ecoutez-le... écoutez-le... Dites-moi, vous, le romancier, est-ce qu'il n'a pas l'air d'en avoir été amoureux?... Cela expliquerait la Réunion?

LA FOURCADE, *gravement.* — Je vous jure que non.

LA DUCHESSE. — Dans ce cas, je vous crois, car vous n'avez jamais menti.

RUPERT, *s'intéressant.* — Vous dites que cette femme, qui est charmante, en effet, quand on y réfléchit...

LA DUCHESSE, *riant.* — « Quand on y réfléchit » est admirable.

LA FOURCADE, *sérieux, net.* — Je dis que cette femme n'a pas eu une aventure dans sa vie, que son destin est clair comme son ciel natal et que son seul amour est son fils. Tenez, est-ce qu'il n'a pas l'air d'un vrai gentleman? C'en est un... *(Il le désigne dans le jardin.)* Regardez... regardez...

LA DUCHESSE, *sans se retourner.* — Je le vois... je le vois... et je vois aussi ma fille. Ils ne se quittent plus!... Si c'est ça que vous souhaitiez...

LA FOURCADE. — C'est trop dire, mais je ne le crains pas. Et, d'ailleurs, ma nièce n'est pas seule avec René Baïta : mon neveu y est aussi...

LA DUCHESSE. — Oui, je suis la seule à ne pas être conquise, avec mon fils aîné. A part nous deux — la résistance — tous sont apprivoisés par vos oiseaux des îles... vous, ma fille, mon dernier fils, ce gamin, ma bru, et même vous, Rupert... qui ne dites rien! Soyez de mon avis, ce sont des excentriques.

RUPERT. — Pas le fils, en tout cas.

LA DUCHESSE, *avec bonté.* — Non, pas le fils, c'est vrai. Et quant à la mère, mon Dieu... enfin, nous en reparlerons.

Arrivent, en effet, René Baïta et les deux derniers enfants de la duchesse, Antoinette et Roger.

Scène II

LES MÊMES, RENÉ, ANTOINETTE, ROGER

LA DUCHESSE, *avec une affectueuse gronderie.* — Qu'est-ce que vous faites tous les trois?... Ce n'est pas l'heure du tennis, par ce soleil.

ROGER. — Nous venons du chenil. Nous avons fait enrager les chiens.

LA DUCHESSE. — Joli passe-temps! Que ton frère t'y prenne!

RENÉ. — Roger exagère, madame. Nous les avons admirés.

LA DUCHESSE, *contente.* — Ils sont beaux, n'est-ce pas?

ANTOINETTE, *l'air joyeux.* — Ils sont magnifiques. D'ailleurs tout est magnifique aujourd'hui.

LA FOURCADE. — Pourquoi aujourd'hui?

ANTOINETTE. — Parce que je suis contente. Je vois tout très beau. Et puis, nous venons de très loin... René nous a fait faire un voyage... très beau... magnifique...

LA DUCHESSE, *moqueuse.* — Très beau!... magnifique... Encore! Et puis, René? Elle vous appelle René, maintenant?

ROGER. — Elle peut bien... puisque ensemble, lui et moi, on se tutoie? N'est-ce pas, René, qu'on se tutoie?

RENÉ, *un peu timide.* — De temps en temps. Mais c'est vous qui avez commencé.

LA FOURCADE. — Eh bien, il faut faire comme lui. Roger, mon neveu, tu as raison. Tutoie-le. C'est un futur grand homme.

LA DUCHESSE, *à René.* — Mon frère, monsieur, va vous rendre trop orgueilleux. Il a tort. Il faut attendre l'avenir.

ANTOINETTE. — Il n'est pas mal d'être orgueilleux. Moi je suis orgueilleuse.

LA DUCHESSE, *la taquinant.* — Tu es orgueilleuse de ton nom et tu as raison.

ANTOINETTE, *charmante.* — Pas du tout. Je ne suis pas orgueilleuse de mon nom. Je suis orgueilleuse parce que j'ai fait un grand voyage. Je suis allée à la Réunion. *(Elle rit et dit exprès.)* C'est un pays... magnifique... très beau... Monsieur René Baïta nous a raconté et je connais l'île par cœur.

LA FOURCADE. — Alors, tu sais où est ma maison?

ANTOINETTE. — Oui, mon oncle, je sais... *(A René, à part.)* Soufflez-moi...

RENÉ, *même jeu.* — Sur un petit promontoire...

ANTOINETTE, *victorieuse.* — Oui, oui... Sur un petit promontoire, avec des bananiers et des agaves tout plein, devant... et du soleil partout... et beaucoup de moustiques! Ah! tu vois que je sais. Et, à deux cents mètres, il y a la maison de Mme Baïta... une maison qui est rose... avec des bananiers et des agaves tout plein, devant... et du soleil partout... et beaucoup de moustiques... Ah! je la sais, ma leçon! Tu vois, maman, que j'ai le droit d'être orgueilleuse!

RENÉ. — Mais, moi, madame, je ne le suis pas... sinon de maman et de l'amitié que vous voulez bien nous témoigner, ainsi que monsieur La Fourcade.

LA DUCHESSE, *gentiment.* — Où est-elle, votre maman?

ROGER. — Elle fait la sieste, je parie!... Mais non, mais non, j'ai tort de parier : la voilà. Je suis ruiné! Madame, pourquoi ne faites-vous pas la sieste?

LA DUCHESSE. — Roger, Roger...

Scène III

LES MÊMES, EMMA BAITA

Emma Baïta entre, éclatante et dorée comme un beau fruit.

LA FOURCADE. — Vous vous faites désirer. Vous devenez coquette.

EMMA. — Coquette, moi ? Oh ! mon Dieu, cette maladie-là me prendrait bien tard...

LA DUCHESSE. — Ne cherchez pas les compliments. On les fait quand vous n'êtes pas là.

EMMA. — Dans ce cas, je ne m'isolerai plus. Je suis timide même quand je ne suis pas là...

RUPERT, riant. — La drôle de phrase! Traduisez, s'il vous plaît... « Je suis timide, même quand je ne suis pas là. »

EMMA. — Oui, ma phrase est absurde, mais je me comprends très bien. Et puis ne vous moquez pas. J'ajouterais : « Je suis timide, surtout quand je suis là... »

RUPERT. — Je ne me moque point.

LA FOURCADE, en plaisanterie. — Vous faites bien!... Hein, René?... Vous auriez affaire à nous!

ROGER, même jeu. — Et à moi.

ANTOINETTE. — Et moi, vous m'oubliez. (A Emma.) Je suis votre alliée, madame.

LA DUCHESSE, à part. — L'alliance? Déjà!

RUPERT. — Je n'ai garde de vous attaquer. Je dis : expliquez-vous... pour vous entendre parler...

EMMA, bon caractère. — Eh bien, je me tais, voilà.

LA DUCHESSE, aimable. — Oui, venez près de moi. Laissez ces taquins. J'ai très bien compris, moi. Vous avez voulu dire que vous êtes nerveuse, intuitive et que, même absente, si l'on s'occupe de vous, quelque chose vous en avertit.

EMMA. — C'est bien cela. Et puis, en ce moment, je ne sais ce que j'ai... Je ne me sens pas moi-même. J'ai des angoisses, des troubles... quelque chose comme le trac.

LA FOURCADE. — Le trac?

EMMA. — Mais oui... J'ai eu ça quand j'étais jeune fille! C'est drôle, n'est-ce pas? Il y a si longtemps... et puis aussi quand René a passé ses examens... Et pourtant j'étais loin... toute la mer... Eh bien, en ce moment, je suis ainsi. Tout à l'heure, dans ma chambre, je crois que j'avais peur.

RENÉ, tendre. — Il ne faut pas, maman chérie. Il ne faut jamais avoir peur.

LA FOURCADE, riant. — Elle est comme moi. Elle a le mal du pays.

EMMA. — Peut-être.

LA FOURCADE. — Il faut repartir ensemble.

ANTOINETTE, vivement. — Jamais de la vie! Nous ne voulons pas. Nous vous gardons. N'est-ce pas, René? Les agaves, les bananes, les moustiques... fini, tout ça!... Nous vous gardons. N'est-ce pas, maman?

LA DUCHESSE. — Bien volontiers. Mais je comprends davantage Mme Baïta que mon frère. Elle, c'est son pays.

ROGER. — Ça nous est bien égal que ce soit son pays. La Dordogne, voilà. Et puis, cet hiver, Paris.

RUPERT. — Vous êtes prisonnière.

EMMA. — Douce prison.

ANTOINETTE. — Et puis, venez avec nous. Laissez les grandes personnes. Vous n'en êtes pas. Il faut une quatrième pour le tennis.

EMMA. — Il fait bien chaud.

ROGER, lui prenant la main. — Non, non, venez, venez...

EMMA. — Ils m'entraînent, vous voyez... Je n'y peux rien.

LA FOURCADE. — Allez, les gosses.

RENÉ. — Viens, maman. Nous allons les battre.

ANTOINETTE. — Oh! nous battre! nous battre! Nous allons voir ça.

Ils sortent gaiement.

Scène IV

LA DUCHESSE, GEORGES DE RUPERT, LA FOURCADE

RUPERT. — Tout de même, c'est une gentille femme.

LA FOURCADE. — Pourquoi tout de même?

LA DUCHESSE. — Tout de même, parce qu'elle est excentrique.

LA FOURCADE. — Pas tant que ça.

LA DUCHESSE. — Elle l'est, involontairement, dans ses manières... Elle sort du cadre...

RUPERT. — C'est un Gaugain.

LA FOURCADE. — Fichtre! Un Gaugain! C'est un chef-d'œuvre, alors...

LA DUCHESSE. — Moi, vous savez, j'en suis restée à M. Ingres...

LA FOURCADE. — Mais... M. Ingres aurait beaucoup aimé Gaugain.

LA DUCHESSE. — Vous ne me ferez jamais, de bon cœur, accrocher un Gaugain dans mon salon.

RUPERT. — Ça, Madame, vous avez peut-être tort...

LA FOURCADE. — Il ne faut jamais dire : jamais...

LA DUCHESSE, riant d'abord, puis plus sérieuse. — Tout le monde est contre moi. Mais, enfin, vous ne voyez donc pas ce qui se passe.

LA FOURCADE. — Il se passe quelque chose?

LA DUCHESSE. — Bon apôtre! Certainement, il se passe quelque chose. Il se passe que M. René Baïta est amoureux de ma fille. Ça crève les yeux. Et Antoinette, de son côté, montre du goût pour ce jeune homme.

LA FOURCADE. — Eh bien?...

LA DUCHESSE. — Comment, eh bien?... Ecoutez-le... Ça vous fait plaisir?

LA FOURCADE. — Ça ne me dégoûte pas! Ils sont charmants tous les deux. Ce jeune homme est parfaitement sain de corps et d'esprit. Alors?

LA DUCHESSE. — Alors, vous lui donneriez votre nièce en mariage?

LA FOURCADE. — Pourquoi non?

LA DUCHESSE. — Je demande à réfléchir.

LA FOURCADE. — Il faut toujours réfléchir... Mais, moi, je l'ai déjà fait. Je vous répète que si Mme Emma Baïta n'était pas parfaitement honorable, je ne vous l'aurais pas présentée. Je me suis plu à la Réunion et j'y demeure depuis vingt ans. J'ai connu Emma Baïta mariée, — son mari est mort trois années après mon débarquement dans l'île. C'était la meilleure épouse, et la plus jolie. A cette époque, beaucoup la courtisaient. Elle ne daignait pas le savoir. Ce fut, depuis, une veuve irréprochable. Jamais une faiblesse. Une mère, et rien d'autre. C'est presque à regretter. Elle a tué la femme en elle.

RUPERT. — Endormi, peut-être.

LA FOURCADE. — Elle n'en a que plus de mérite.

Elle est née sous des latitudes où la nature a des exigences. Elle a refusé d'y obéir. Vous l'appelez un oiseau des îles? Elle a vécu, sous son éclatant plumage, avec l'austérité d'un marabout.

LA DUCHESSE. — Je ne dis pas non!... Mais, une question : aviez-vous prévu, en me demandant de l'inviter?...

LA FOURCADE. — Si je l'avais prévu, je vous l'aurais dit. Ce fut beaucoup plus simple. J'ai assisté, en qualité de voisin et d'ami, à l'éclosion de ce petit garçon qui est devenu un homme de premier ordre. J'ai eu l'occasion de lui apprendre moi-même beaucoup de choses. Quand il a quitté la Réunion, il y a trois ans, j'ai vu quel sacrifice cet éloignement imposait à Mme Baïta. Ce printemps, je l'ai décidée à venir en France en même temps que moi. Cela lui épargnait de voyager seule. Une fois ici, je les ai sentis isolés et je vous ai priée de les accueillir parce qu'ils sont mes amis. Aujourd'hui, il est clair que ma nièce et René Baïta sont très attirés l'un vers l'autre. Je n'y vois aucun mal. Un tel mariage vous donnerait un gendre enviable, d'une espèce solide et d'un bon cœur.

LA DUCHESSE. — Je ne dis pas non!... Mais ne pensez-vous pas qu'un calcul...

LA FOURCADE. — Aucun calcul. C'est un mathématicien, ce n'est pas un calculateur.

LA DUCHESSE. — Tout de même, un tel mariage lui apporterait des avantages éblouissants. La fille du duc de Grigan... hein, Rupert?

RUPERT. — C'est éblouissant, comme vous dites. Mais je crois m'y connaître en hommes. Ce petit Baïta est fier. S'il aime Antoinette, c'est pour elle-même et sans doute, à ses yeux, n'a-t-elle qu'un défaut : la naissance trop belle.

LA FOURCADE. — Vous avez raison. Et ce sentiment de dignité personnelle augmente encore mon estime.

LA DUCHESSE. — ... Mais il y a la mère!

RUPERT, *riant.* — Elle n'est pas si effrayante!

LA DUCHESSE, *avec bonté.* — Evidemment, je n'en aurais pas peur dans une forêt ni même ici, à la campagne... Mais, au faubourg Saint-Germain... Je vous assure, mon frère, que vous perdez de vue le faubourg Saint-Germain.

LA FOURCADE. — Il y a longtemps. C'est même pour ça que j'habite la Réunion.

LA DUCHESSE, *gaiement.* — Votre Mme Baïta, c'est une jongleuse!...

RUPERT. — Une jongleuse!

LA DUCHESSE. — Oui, mon ami. C'est assez pittoresque et je vous fournis le détail, pour l'un de vos romans. L'autre jour, je me promenais seule dans le parc et j'arrive doucement, du côté de la métairie. J'entends des enfants qui riaient aux éclats. Je m'approche et qu'est-ce que je vois? Je vois Emma Baïta, les deux pieds écartés, la tête en arrière — comme ça — et qui était entourée d'une espèce d'ovale magique, au-dessus d'elle. Un ovale vertical. Ça montait, ça descendait... ça tournait... ça avait l'air d'une auréole diabolique. C'étaient des œufs, mon ami, vous m'entendez, des œufs, cinq ou six! Elle jonglait! Ça a duré deux ou trois minutes et elle a remis tranquillement les œufs dans un panier, ou plutôt, elle les a laissé tomber doucement, sans en casser un! C'était monstrueux! Et les enfants riaient, et elle aussi, et elle avait le visage échauffé... On eût dit une bacchante... Et ce n'est pas tout! Elle a saisi l'un des enfants, le plus petit — un moucheron d'un an — et elle s'est mise à le faire sauter, à l'embrasser un peu partout avec de gros baisers sonores qui ont fini sur son derrière.

LA FOURCADE. — Ce n'est pas bien méchant!

LA DUCHESSE. — Je l'avoue! Mais c'est tout de même extravagant! Voyez-vous que ça la prenne un jour, à l'une de mes réceptions? Qu'elle se plante au milieu du salon et se mette à jongler avec mes saxes, ou qu'elle saisisse brusquement la petite marquise de Darmeville, qui a justement un an, et la fasse sauter et l'embrasse sur son derrière! Ce sont des mœurs pour négrillons. Je suis tout à fait effrayée. Ça vous fait rire!

RUPERT. — Je trouve ça très drôle! Elle jongle!

LA DUCHESSE. — Elle jongle! comme les clowns!

LA FOURCADE. — Mais non, mais non, pas comme les clowns. Là-bas, dans l'île, on n'a pas beaucoup de distractions. Elle s'est amusée à apprendre des tours en élevant son fils, pour le faire rire. Et comme elle est très sport, et très adroite...

LA DUCHESSE. — Heureusement! Au moins, elle ne cassera pas mes saxes! Ah! mon frère, vous avez eu une idée bien extraordinaire! Si ce mariage se fait, ma fille aura une belle-mère jongleuse! Voilà où mènent les colonies!

RUPERT. — Les colonies mènent à tout, à la condition d'en sortir.

Entrent Paul de Grigan et Juliette de Grigan, le fils aîné et la bru de la duchesse.

Scène V

LES MÊMES, PAUL, JULIETTE

PAUL. — Je ne peux que vous dire non, ma chère. Inutile d'insister. J'ai mes raisons. Vous ne vous habillerez pas chez ce couturier.

JULIETTE. — Mais pourquoi? Je ne suis plus une jeune fille pour m'habiller toujours chez Lanvin.

PAUL. — Celui qui vous a fait ceci est un couturier de théâtre. Il me déplaît que ma femme soit habillée par lui ; ma mère me donnera raison.

LA FOURCADE, *à part, à Georges de Rupert.* — Voilà mon imbécile de neveu qui torture encore sa femme.

JULIETTE, *nerveuse.* — Votre mère ne vous donnera pas, forcément, raison. Maman, comment trouvez-vous cette robe?

LA DUCHESSE. — Mon Dieu...

LA FOURCADE. — Moi, je la trouve épatante.

JULIETTE, *triomphante.* — Ah!

PAUL, *nettement.* — Vous avez dit le mot, mon oncle : épatante! Je n'aime pas ça.

LA FOURCADE. — Tu n'aimes pas l'épate, toi?

PAUL. — Oh! vous, mon oncle, quand il s'agit de m'être désagréable... Et puis... enfin... c'est à ma mère que la question a été posée...

LA DUCHESSE. — Je n'ai pas d'opinion. Moi, tu sais, je m'habille en noir, en blanc...

JULIETTE. — Paul veut que je l'enlève.

PAUL. — Je l'exige...

JULIETTE. — Je n'en ai pas d'autre.

PAUL. — C'est une plaisanterie.

LA DUCHESSE. — Il faut faire plaisir à votre mari, Juliette.

JULIETTE, *colère.* — Ça pourrait être réciproque.

PAUL, *sèchement.* — Depuis quelque temps, ça m'est difficile.

LA DUCHESSE, *intervenant.* — Allons, mon ami, nous

allons voir ça. Venez, Juliette; viens, Paul; nous allons chercher ensemble dans la garde-robe...

PAUL. — Ça, c'est une robe pour Mme Baïta.

JULIETTE. — Vous m'exaspérez. Mme Baïta est charmante.

LA DUCHESSE, lui prenant le bras. — Allons, venez, Juliette... venez, mon enfant... Votre mari exagère un peu... mais c'est votre mari... et c'est à lui qu'il sied de plaire... (A mi-voix.) Vous la garderez aujourd'hui... Montons toujours voir les autres... Il faut le contenter... pour le principe. Ce sont nos vieilles traditions, vous savez...

PAUL, à mi-voix, en sortant. — Ce que c'est que d'avoir épousé une bourgeoise...

Scène VI

GEORGES DE RUPERT, LA FOURCADE

LA FOURCADE. — Quel imbécile! Vous ne trouvez pas?

RUPERT. — Je n'ai pas d'opinion sur M. Paul de Grigan.

LA FOURCADE. — Cette réponse me suffit. Vous êtes l'hôte de sa mère, vous êtes tenu à quelque réserve. Mais moi, je suis son oncle! Alors, je dis : quel imbécile! Un fat! Et puis cruel! Il ne s'occupe que de chasser... Je vous demande un peu... Tuer, voilà ce qu'il aime.

RUPERT. — Vous n'aimez pas votre neveu?

LA FOURCADE. — Je le déteste. Nous sommes une grande famille et les de Grigan sont parfaits. Mon beau-frère était un soldat de vieille lignée. Mais c'est une loi : dans les plus belles sélections, il y a toujours quelqu'un qui a l'orgueil sans le mérite. Dans le cas, c'est Paul. Vous ne trouvez pas?

RUPERT. — Je vous ai dit que je n'avais pas d'opinion.

LA FOURCADE. — C'en est une.

RUPERT, rompant les chiens. — Voici Mme Baïta...

Scène VII

LES MÊMES, plus EMMA BAITA

RUPERT. — Eh bien, vous les avez battus?

EMMA. — Non.

LA FOURCADE. — Comment, non? Vous qui jonglez...

RUPERT. — Avec les balles!

EMMA. — Aujourd'hui, je les manque toutes. J'ai les nerfs malades. Il fait trop chaud. Alors, j'ai quitté la partie.

Elle s'étend sur une chaise longue.

RUPERT. — Je vois, c'est l'heure où vous faisiez la sieste, sous les bananiers.

EMMA. — Quelle idée! D'abord, si j'avais fait la sieste, je l'aurais faite sous une véranda. Nous prenez-vous pour des singes? Non, c'est l'heure où je lisais. Je m'installais sur des coussins, — comme ça, tenez, — (Elle quitte la chaise longue, met les coussins à terre et s'accroupit.) J'allumais une cigarette...

LA FOURCADE. — Et quelquefois même un petit cigare.

EMMA. — Ce n'est pas vrai, La Fourcade. Pourquoi dites-vous ça?

LA FOURCADE. — Une cigarette?

EMMA. — Non, laissez-moi. Je suis fâchée.

LA FOURCADE. — Prenez tout de même...

EMMA, avec un bon sourire. — Merci... Et alors, accroupie et fumant, je lisais... longtemps, longtemps, des heures, et des tas de choses merveilleuses.

LA FOURCADE. — Des romans... Les vôtres, Rupert.

RUPERT. — Les miens!

EMMA. — Mais oui, les vôtres.

RUPERT. — Et vous les aimez?

EMMA, d'une voix plus lente. — Je les aime beaucoup! Ils sont très tendres.

LA FOURCADE. — Elle les connaît tous.

EMMA. — *Deux Femmes... La Passion de Lucien Darcy... L'Amour et le Cœur... Le Baiser du Soir...* que j'ai relu trois fois.

RUPERT. — Trois fois... mais c'est admirable.

LA FOURCADE. — C'est la lectrice type... la romanesque!

RUPERT. — Et pourtant!...

EMMA, riant d'abord, puis changeant — Oui, et pourtant... Mais ne vous y trompez pas... Ma vie monotone... ma vie de plante... n'a pas été incompatible avec les émotions sentimentales.

LA FOURCADE. — Ça, par exemple!

EMMA. — C'est la vérité. Je me suis donné la lanterne magique de l'Amour. J'ai vécu les romans des autres. Ça vaut mieux que de vivre les siens...

Elle se relève, laisse tomber la cendre de sa cigarette.

RUPERT. — Croyez-vous?

LA FOURCADE. — Elle croit. Sa vie répond pour elle.

RUPERT. — C'est beau, le devoir!

EMMA. — Je ne suis pas une femme de devoir. J'ai été maman très jeune, voilà tout. Et maintenant que me voilà vieille...

LA FOURCADE. — Qu'est-ce que vous dites? Etes-vous mal élevée! Je vous défends d'employer des mots pareils! Où vous croyez-vous?

RUPERT. — Le fait est que c'est choquant! Quand on vous admire, charmante...

EMMA. — Vous êtes bien gentils tous les deux. Mais ne me donnez pas le change : j'y gagnerais. Vous, monsieur de Rupert, vous ne me trouvez charmante que parce que j'ai lu trois fois vos romans, et vous, La Fourcade, vous me trouvez jeune parce que vous m'avez vue vieillir.

LA FOURCADE. — Elle est enragée!

EMMA. — N'ayez pas peur : je ne mords que moi.

LA FOURCADE. — C'est bien de quoi nous nous plaignons.

EMMA. — La Fourcade, je ne vous reconnais plus.

LA FOURCADE. — Moi qui suis si réservé!

RUPERT. — Oh! réservé? Comme le compartiment des dames seules.

EMMA. — C'est le mien.

LA FOURCADE. — Qu'est-ce que je vous disais? Le marabout! Le vieux marabout bien sage!

EMMA. — Enfin, voilà un compliment que j'accepte.

RUPERT. — Vous avez tort, car celui-là n'est pas sincère.

EMMA. — Aucun compliment n'est sincère.

LA FOURCADE. — Si ce n'est celui du miroir.

EMMA. — Le miroir est un objet poli.

LA FOURCADE. — Il n'a pas fini de l'être avec vous.

EMMA. — Dieu! que vous êtes fatigants! Je regrette d'être revenue. Je vais retourner vers mon fils.

LA FOURCADE. — Encore son fils! Croyez-vous qu'elle est assommante!

EMMA. — Est-ce qu'il n'est pas ce que j'ai fait de mieux?

LA FOURCADE. — Vous n'avez fait que ça!

EMMA. — C'est déjà beau! Ah! Dieu, quand je le regarde, je ne regrette plus rien.

RUPERT. — Il vous arrive donc de regretter quelque chose?

EMMA. — Ce n'est pas cela que j'ai dit : « Les amours sont des parfums fabriqués. La vraie fleur se parfume elle-même. »

RUPERT. — Mais c'est moi qui ai écrit cela.

EMMA. — Mais oui, c'est vous.

LA FOURCADE. — Elle sait ses phrases par cœur! Veinard!

RUPERT. — Jaloux!

LA FOURCADE. — Pas si bête, ce que vous dites! Elle me rabroue parce que je suis un vieux magistrat. Mais, si c'était vous, avec votre belle moustache... Essayez, pour voir.

EMMA. — La Fourcade, vous dites des bêtises... Tenez, donnez-moi une cigarette et fumons en silence, cela vaudra mieux.

LA FOURCADE, obéissant. — Elle est en marbre, je vous dis... Ah! Pygmalion!

EMMA. — Qui ça, Pygmalion?

LA FOURCADE. — Un type extraordinaire qui faisait marcher les statues.

EMMA. — Vous pouvez toujours me l'envoyer. Moi, je ne suis pas une statue.

LA FOURCADE. — Ne la croyez pas, je l'ai vue au bain.

RUPERT. — A mon tour, je crie : Veinard!

EMMA, nerveusement. — La Fourcade, je vous en prie! Je n'ai jamais entendu paroles plus vaines. Vous me gênez beaucoup. Il est temps de nous arrêter.

RUPERT. — Chère madame, ne vous froissez pas. C'était une simple plaisanterie.

EMMA. — Soyez tranquille, monsieur, je ne le prends pas autrement.

RUPERT. — Ça me ferait de la peine... parce que j'ai pour vous une grande sympathie...

EMMA. — Très réciproque...

RUPERT. — Plus même... Je voudrais vous plaire.

EMMA. — A moi?

RUPERT. — Mais oui, et bientôt vous saurez pourquoi... Est-ce que je vous plais?

LA FOURCADE, riant. — Est-ce qu'il vous plaît?

EMMA, s'éloignant un peu. — Quand il m'aura dit pourquoi, je lui répondrai...

Entrent Juliette et Paul de Grigan.

Scène VIII

LES MÊMES, JULIETTE, PAUL

JULIETTE, exaspérée. — Pour l'amour du ciel, laissez-moi tranquille...

PAUL, odieusement sec. — Je vous prie de ne pas me parler sur ce ton. Vous avez convaincu ma mère; vous resterez toute la journée dans cette robe ridicule. Mais que cette petite victoire ne vous donne pas de telles allures d'indépendance. Il faut tout de même vous rappeler que j'ai quelque droit d'imposer ma volonté.

JULIETTE, excédée. — Imposez, imposez! Si vous croyez vous faire aimer...

PAUL. — Je n'ai pas besoin d'être aimé. Soyez ce que vous devez être, c'est tout ce que je demande.

JULIETTE, prête à pleurer. — Mon oncle, je vous en prie, dites à Paul de me laisser tranquille. C'est odieux!

PAUL, toujours même jeu. — Qu'est-ce qui vous prend? Je ne demande à personne...

LA FOURCADE, tranquillement. — Elle a raison, mon ami, laisse-la tranquille.

PAUL. — Mais, mon oncle...

LA FOURCADE, net. — J'ai besoin de toi, justement. Tu es désagréable, mais, du moins, tu t'y connais en chevaux.

PAUL. — Ça, je pense...

LA FOURCADE. — Eh bien, viens avec moi jusqu'aux écuries. J'ai fait amener ce matin une paire d'alezans que je veux offrir à ta mère. Tu les as vus?

PAUL. — Non.

LA FOURCADE. — Allons les examiner. Tu me donneras ton avis. Là, je reconnais ta supériorité.

PAUL. — C'est encore heureux.

LA FOURCADE. — Venez, Rupert. Vous verrez, les bêtes sont belles...

PAUL. — Sont-elles bien dressées pour la voiture?

LA FOURCADE. — Je ne sais pas. Je pense.

PAUL. — En tout cas, je m'en charge! Je sais faire obéir les bêtes et les gens...

Ils sortent.

JULIETTE, dans son coin. — Le sauvage!

Elle mord nerveusement son mouchoir.

Scène IX

JULIETTE, EMMA

EMMA, après un temps, doucement. — Faut pas pleurer!

JULIETTE. — Je ne pleure pas!

EMMA, souriante, avec bonté. — Ah! en France on n'appelle pas ça pleurer?... Nous, à la Réunion, quand une femme a du chagrin, comme vous, et qu'elle noie ses yeux, nous disons: « Elle pleure! » Et nous ajoutons toujours : « Faut pas. » Faut pas, je vous dis. Ça me fait de la peine, un joujou comme vous...

JULIETTE, nerveusement. — Ah! si, il faut, ah! je vous assure! Si vous saviez...

EMMA, à mi-voix. — Je sais.

JULIETTE, la regardant. — Qu'est-ce que vous savez?

EMMA, hochant la tête. — Ça ne me regarde pas...

JULIETTE, s'accrochant à elle. — Mais si... N'ayez pas de réticences, parlez-moi. Je vous aime bien ; vous êtes bonne, sensible, et j'ai tant besoin d'une amie!

EMMA. — Tant que ça!

JULIETTE. — Mais oui... Allons, dites ce que vous savez...

EMMA, sans réticences désormais. — Je sais... je sais que vous n'êtes pas heureuse.

JULIETTE. — Je suis très malheureuse.

EMMA, souriant. — Faut pas exagérer. Vous êtes jolie et vous le savez ; vous êtes riche et vous en profitez ; vous portez un beau nom et vous le portez avec chic. Alors...

JULIETTE. — Mon nom? Celui de mon mari. Je le déteste.

EMMA. — Chut, chut, faut pas dire ça... si on vous entendait! Et puis, ce n'est pas juste. Toute la famille — votre famille par alliance — est gentille pour vous ; on vous aime. La duchesse vous gâte.

JULIETTE. — Oui ! Tout le monde est parfait, excepté celui qui devrait l'être... Mais lui! Ah! par exemple! Vous ne savez pas ce que c'est que de vivre auprès d'un homme haïssable.

EMMA, trop sincère. — Non, c'est vrai, je ne sais pas. J'ai eu un grand malheur, pas de ce genre. Celui qui m'a eue jeune fille — enfant presque, car chez nous on se marie si tôt — je l'adorais. Je me donnais à lui — je me rappelle — avec je ne sais quel emportement pudique et farouche... J'étais folle de mon mari.

JULIETTE, avec une moue. — Ce n'est pas très gentil de me dire ça. Je vous tends le couteau, vous le retournez...

EMMA, s'accusant avec tendresse. — Je vous demande pardon. C'est vrai, je suis maladroite. Mais il faut m'excuser. Parler d'un bonheur mort, ce n'est pas le faire sonner, c'est le pleurer! Moi aussi, je pleure souvent en dedans. Seulement, je me dis : « Faut pas!... » Je vous comprends, allez! En me rappelant combien j'ai été heureuse, pendant trois pauvres ans, auprès d'un homme que j'adorais, et combien j'ai souffert de le perdre, je devine mieux, je devine tout à fait votre malheur à vous... qui n'aimez pas.

JULIETTE. — Je ne peux pas aimer mon mari. Et ce que vous me dites me le ferait détester davantage. Vous avez parlé, sans le vouloir, avec votre franchise un peu sauvage, de l'emportement avec lequel vous vous donniez à lui. Je vous assure que moi, auprès du mien... Ah! quand j'y pense! Le jour, orgueilleux, tyrannique, fier de sa race... mais la nuit... si vous saviez quelle fin de race, quels genres de vices...

EMMA, doucement. — Chut! chut! Faut pas dire ça... ça fait du mal. Et puis, il y a des secrets qui salissent, et il ne faut pas salir son mari... ce n'est pas beau...

JULIETTE, la regardant davantage. — Ne soyez pas trop admirable auprès de moi... je sais bien que vous l'êtes... mais ça me gêne un peu... ça m'intimide pour ce que je voudrais vous dire encore...

EMMA. — Il ne faut pas dire trop de choses... Ça ne me regarde pas. De grand cœur, je tiendrais à vous apporter du réconfort... mais laissez-moi deviner ce qu'il faut faire... Ne mettez pas les points sur les *i*.

JULIETTE. — Je vous assure: vous me découragez!

EMMA. — Mais non. Et puis, la vie a des revanches.

JULIETTE. — Heureusement!

EMMA. — Il y a trois ans que vous êtes mariée?

JULIETTE. — Oui.

EMMA. — Eh bien... un bonheur peut vous venir. Vous verrez, un jour, vous sentirez l'espoir tressaillir en vous... Vous aurez un enfant...

JULIETTE, sursautant. — Un enfant!... Qu'est-ce que vous dites? Un enfant... de cet homme-là! Oh! ça, jamais, par exemple! Pour être liée davantage encore!

EMMA. — Vous n'avez pas de raisons de dire ça!

JULIETTE. — Si, j'ai des raisons... (Un petit temps.) J'ai un amant.

EMMA. — Qu'est-ce que vous dites?

JULIETTE. — Je vous dis : j'ai un amant!

EMMA. — Mais c'est épouvantable!

JULIETTE. — Pourquoi est-ce épouvantable?

EMMA, atterrée. — Je ne sais pas... Ça ne s'explique pas... Je trouve ça... Oh ! ma pauvre petite, ma pauvre petite!... Et... vous l'aimez?

JULIETTE, assez simple. — Oui, je l'aime...

EMMA, secouant la tête. — Vous ne dites pas ça très bien. Etes-vous sûre de l'aimer d'une façon... impérieuse... fatale?

JULIETTE, même jeu. — Ça, je ne sais pas. Je ne me le suis jamais demandé...

EMMA, même jeu. — Alors, c'est que ce n'est pas fatal!... Vous avez dû céder à un entraînement, à une nostalgie...

JULIETTE. — Ne soyez pas moraliste!

EMMA. — Je ne le suis pas!... Seulement, vous m'effrayez. Je vous vois en grand danger. Les de Grignan — et tous, tous — sont cuirassés de leurs traditions, armés de leurs principes... Je discerne que, dans la famille, chacun d'eux n'est pas pareil à votre mari et même assez souvent peu d'accord avec lui...

JULIETTE. — Oh! ça, oui!

EMMA. — Ils n'en sont pas moins liés par l'orgueil du nom, le sentiment de la caste... et, n'en doutez pas, si vous étiez prise, ils ont beau paraître dissemblables, ils feraient bloc, et contre vous, pour vous accabler.

JULIETTE. — Je le sais. D'autre part, je ne saurais où me réfugier. Ma propre famille, riche, mais bourgeoise et très infatuée de mon union, deviendrait immédiatement une adversaire. Aussi, je prends toutes précautions et personne ici ne se doute...

EMMA. — Personne, c'est bien certain. Pour ma part, je tombe des nues. J'arrive de mon île, je vous assure, et je me demande comment vous pouvez dérober ce bonheur difficile... et où, et quand...

JULIETTE. — Je le peux, mais mal... Je vais tout vous dire, bien que vous n'y teniez guère...

Elle sourit.

EMMA, qui, en effet, se défend. — Je vous l'avoue, malgré mon affection...

JULIETTE. — Vous allez voir qu'il le faut. Il y a longtemps que je voulais vous parler. Ne soyez pas égoïste et écoutez-moi...

EMMA. — Egoïste, moi! grands dieux!

JULIETTE. — Je sais bien que non, aussi je ne veux pas que vous le deveniez. Au point où nous en sommes, lui et moi, gênés sans cesse dans nos rencontres et même notre correspondance, il nous faut, il nous faut absolument une amie sûre, dévouée, une complice, — et, d'instinct, j'ai pensé à vous.

EMMA, sursautant. — Mais je ne veux pas!

JULIETTE. — Pourquoi?

EMMA. — Mais pour mille raisons! Je suis bien à l'aise pour vous les dire : je vous aime de bon cœur et je suis, hélas! votre aînée de seize ans; cela me donne deux droits. Je ne veux pas vous aider, être votre complice, comme vous dites avec une impudeur, — d'ailleurs délicieuse et qui me donne envie de vous embrasser, à cause de la confiance. Je ne veux pas vous aider, parce que, d'abord, je réprouve votre action...

JULIETTE. — Vous êtes bien sévère!

EMMA. — Je ne suis pas du tout sévère. Je suis trop sensible et j'ai eu, moi-même, à lutter bien souvent... mais victorieusement toujours...

JULIETTE, gamine soudain. — C'est parce que vous n'avez pas connu mon amant. Si vous aviez connu mon amant, vous n'auriez pas résisté...

EMMA. — Alors, ne me le faites pas connaître...

JULIETTE, étourdiment. — Oh! maintenant!

EMMA, moqueuse. — Merci bien!

JULIETTE, câline. — Oh! ce n'est pas cela que j'ai voulu dire... J'ai voulu dire : maintenant, il m'aime! Donc, plus de danger.

EMMA, souriante d'abord. — Ne vous excusez pas. Les deux explications sont bonnes et j'accepte la première avec sérénité... Laissez-moi continuer : je refuse aussi parce que je suis ici chez la mère de votre mari... et qu'il y aurait quelque chose comme un abus de confiance...

JULIETTE. — Voilà que vous donnez des arguments d'homme.

EMMA. — Mais je suis un homme.

JULIETTE. — Oui... oui . la plus femme de nous toutes, peut-être.

EMMA. — Ne croyez donc pas ça.

JULIETTE. — Nous en reparlerons. En attendant, écoutez-moi, soyez gentille! Faites ce que je vous demande. Au nom de l'Amour! Mon Dieu, je comprendrais si vous aviez favorisé avant... si vous vous étiez entremise...

EMMA. — Voilà un joli mot, et qui me déciderait... Et le scandale, s'il y en avait un?

JULIETTE. — Il ne peut y avoir scandale, surprise, que si nous ne sommes pas aidés. Il me faut inventer des prétextes pour gagner deux heures de liberté.

EMMA. — Jolie liberté!

JULIETTE. — Oh! mais vous êtes terrible! Vous ne savez donc pas ce que c'est : l'Amour?

EMMA. — Je vous ai dit que si, et très bien; peut-être même que, si on nous faisait passer un examen...

JULIETTE. — Quoi? Je serais recalée?...

EMMA. — Peut-être bien. Etre une amoureuse, ce n'est pas avant tout faire l'amour. C'est surtout aimer l'amour. Et je l'aime... Mais ayant su, si âprement, — par devoir, — éviter toute complication personnelle, je ne veux pas, pour une autre... Non... non... (Elle se décide.) Ecoutez, vous me mettez à la torture : mais non, je ne peux pas me mêler de ça.

JULIETTE, se levant. — C'est bien . je ne regrette pas de vous l'avoir dit.

EMMA. — Il ne faut pas le regretter. Je vous comprends. Je suis même de cœur avec vous. Mais ne me demandez pas plus.

JULIETTE, se raccrochant à elle, enjôleuse. — Eh bien, si, je vous demande plus, là! J'insisterai tant que vous direz oui. Ça m'est égal de manquer de tact. Baïta, ma petite Baïta, ça vous amusera, vous verrez! C'est un peu dangereux, mais c'est amusant... et puis, c'est joli, l'amour de deux êtres jeunes...

Arrivée de Georges de Rupert.

EMMA. Prenez garde! monsieur de Rupert!

JULIETTE. — Eh bien?

EMMA. — S'il entendait?

JULIETTE. — Ça m'est bien égal : c'est lui, mon amant!

EMMA, brusquement levée. — Monsieur de Rup...

JULIETTE. — Quoi? Est-ce que c'est mal?

EMMA. — Non, non...

JULIETTE, fière. — Est-ce qu'il n'est pas beau?

EMMA. — Si... si.

JULIETTE. — Alors...

RUPERT. — Chère madame... est-ce que je suis indiscret?... Je vous dérange?

JULIETTE, riant. — Non, vous n'êtes pas indiscret. Non, vous ne nous dérangez pas... Approchez-vous... Je t'aime... Oui, ne soyez pas effrayé... J'ai tout dit. Il nous faut une amie...

RUPERT, souriant. — Une complice...

JULIETTE. — Et j'ai demandé à Mme Baïta, selon votre conseil...

EMMA, saisie. — Ah! c'est vous qui...

RUPERT, très à l'aise. — Oui, c'est moi qui... J'avais un instinct que vous étiez une femme amoureuse de l'amour et d'une grande bonté. Je ne savais pas encore que vous aviez lu mes livres et je devinais votre goût romanesque... et alors, j'ai dit à Juliette : « Mme Baïta est tout à fait la femme qu'il nous faut. »

EMMA. — Et c'est pour ça que, tout à l'heure, vous m'avez dit : « Je veux vous plaire... »

RUPERT. — C'est pour ça. Sinon, je vous connais... je n'aurais jamais osé... Et puis, amant de Juliette, heureux amant, je n'aurais pas fait la cour à une autre...

EMMA. — Oh! à moi!...

RUPERT. — Oui, je sais ce que vous pensez. Mais il n'y a que vous qui le pensiez... Alors c'est dit... Vous nous protégez, vous nous aidez...

JULIETTE. — Elle résiste... Elle est méchante!

RUPERT. — Mais non, elle n'est pas méchante!... Allons, dites oui... et pardonnez-nous... une complicité d'amour, ce n'est pas un péché... Vous serez pour nous une providence...

EMMA, souriante. — Une mère... (Un temps.) C'est entendu, je vous aiderai.

JULIETTE. — Ah! merci... C'est chic, ce que vous faites là! Je vous embrasse.... et puis aussi pour lui...

EMMA, se dérobant soudain. — Non, non, ça c'est trop...

Elle se retourne, feint d'arranger des coussins, ne regarde plus les deux amants.

RUPERT, souriant, à Juliette. — Je crois qu'elle est un peu choquée?...

JULIETTE, légère. — Ça ne fait rien. Elle nous sera bien utile! Ainsi, demain tu verras... je m'arrangerai pour sortir avec elle. Je serai à toi toute l'après-midi...

RUPERT. — J'aurai ton petit corps en sucre...

JULIETTE. — Il faudra lui faire un cadeau.

RUPERT. — A qui? A ton petit corps?

JULIETTE. — Tu es bête! A elle...

RUPERT, enchanté. — Oui, oui, on lui fera tous les cadeaux qu'il faudra... Elle nous sera bien utile, tu verras...

Ils continuent en s'éloignant, entrent dans le salon, cependant que celle à qui ils viennent de s'adresser les regarde partir, et s'accroupit lentement sur les coussins, en paraissant se perdre dans ses pensées.

RIDEAU

ACTE II

Un soir, au château, environ un mois après le premier acte. Une terrasse. D'un côté, des salons éclairés, de l'autre un escalier. Au fond, des arbres. Clair de lune. Mélange de la lumière des lustres et de celle des nuits. Les personnages sont en robe du soir et en smoking. Ils parlent bas, d'abord ; ils sont proches. Quelqu'un joue du Bach.

Scène première

RENE, ANTOINETTE

RENÉ. — Vous n'avez pas froid?

ANTOINETTE. — Non, je suis très bien, très heureuse... Et vous?

RENÉ. — Moi, je ne sais ce qui se passe en moi. Je repense aux soirs de mon île natale, silencieux et magiques, titubants de parfums. Je croyais qu'ils étaient les plus beaux soirs du monde. Et voici d'autres soirs d'Europe, plus aigres, moins veloutés, avec de pauvres odeurs de gazons humides... et pourtant ils me semblent bien plus beaux. C'est parce que, au milieu d'eux, il y a vous.

ANTOINETTE, tendre et gaie. — C'est gentil, ce que vous dites. Maman ne serait pas très contente, parce que vous me prêtez, à moi, le charme de son parc... Mais, moi, je trouve cela très bien, et quand j'entends votre voix tendre, je me dis que je serai sans doute heureuse avec un mari qui a cette voix-là.

RENÉ, avec émotion. — Antoinette, est-ce que vous pensez bien à ce que vous dites?

ANTOINETTE. — Mais oui, j'y pense, — et je le pense...

RENÉ. — Antoinette...

Un petit silence.

ANTOINETTE. — Qui joue ainsi dans le salon?

RENÉ. — C'est M. de Rupert.

ANTOINETTE. — Je me disais aussi : c'est trop large et puissant. Ce n'est pas un jeu de femme... Cependant votre mère joue très bien.

RENÉ. — Oui. Pour moi, mieux que tout le monde!... Je voulais vous demander... Soyez bien loyale : est-ce que vous aimez bien maman, est-ce que vous lui rendez justice?

ANTOINETTE. — Certainement. Nous sommes d'un milieu un peu snob — oui, je l'avoue, — et j'aime assez ce milieu-là. Alors, votre maman était un peu colorée dans notre milieu gris et blanc! Mais, tous, maintenant, nous sommes épris de cette couleur et vous voyez que ma belle-sœur ne quitte plus Mme Baïta.

RENÉ. — C'est vrai qu'elles sont toujours ensemble. — Je vous aimais, Antoinette, mais jamais je n'aurais osé. C'est elle, c'est votre belle-sœur qui, un soir, m'a pris par la main et a dit à la duchesse, comme ça, tout d'un coup : « Mais dites-lui donc, maman, qu'il peut demander sa main. » Ma chérie...

Il caresse ses mains.

ANTOINETTE. — Il y a trois semaines déjà. C'était un complot, vous savez, et maman était consentante...

RENÉ. — Comment?

ANTOINETTE, souriante. — Mais oui. Si vous croyez, sans cela, que ma belle-sœur aurait osé. D'autant que mon frère Paul... C'est le seul de la famille qui ne soit pas tout à fait pour vous! Mais cela vous est égal et à moi aussi. Il y a eu un grand conseil de famille et il a été mis en minorité... Vous êtes heureux?

RENÉ. — Je serais encore plus heureux si votre nom était moins beau.

ANTOINETTE. — Pourquoi? Mme Baïta, née de Grigan. Ça ne fait pas bien?

RENÉ. — Je suis un peu orgueilleux. J'aurais aimé que Baïta fît bien tout seul.

ANTOINETTE, rieuse. — Vous en demandez trop.

RENÉ, avec un charmant mouvement de grâce. — Oui, je suis ingrat.

ANTOINETTE. — Non. J'aime que vous soyez fier. Si vous croyez que j'aurais voulu épouser quelqu'un du même modèle que mon frère Paul... Oh! pas du tout. (Elle le regarde et, avec un peu de gravité.) J'aime mieux vous que tout le monde, René. Le petit désavantage que vous trouvez à avoir un moins beau nom que le mien ne m'empêchera pas d'avoir beaucoup de plaisir à le porter, ce nom... (Elle redevient rieuse.) Voilà. Je vous ai rendu votre compliment de tout à l'heure. A vous la mise maintenant. Dites-moi des choses bien douces pour me rendre très impatiente.

RENÉ, pâlissant. — Je ne peux vous dire qu'une chose : c'est que je vous aime de toute mon âme.

ANTOINETTE. — Et moi de tout mon cœur.

RENÉ. — C'est ainsi qu'il faut : l'homme, avec son âme, la femme, avec son cœur... Je suis content si vous trouvez que ma mère a bien modelé la mienne.

ANTOINETTE. — Heureusement! Cela fait que nous l'avons adoptée, votre maman... (Il a un petit sursaut.) Oh! ne faites pas la moue ; c'est très gentil ce que je vous dis là. Tenez, embrassez-moi... Si, si, embrassez-moi... Vous pouvez... (Très tendre, murmuré :) Mon petit...

Il la saisit avec une tendre fougue et baise doucement ses lèvres. Ils restent ainsi, longtemps. Entrent Juliette et Emma. Elles se tiennent par le bras.

Scène II

LES MÊMES, JULIETTE, EMMA

JULIETTE, gaie. — Heureusement que ce n'est que nous!

EMMA, [illegible] — Oui, et que ton mari joue au bridge. Si c'était lui, à notre place...

JULIETTE. — Je t'en prie, ne me parle pas de mon mari quand je vois des amoureux.

EMMA, lentement. — Ils sont gentils... Et dire que l'un des deux est mon fils.

JULIETTE. — Et l'autre, ma sœur!... Ah! ça, quel métier faisons-nous?...

EMMA. — Au fait, depuis deux mois, je n'en fais pas d'autre...

JULIETTE. — Pauvre Baïta...

EMMA. — Ne dis pas : pauvre Baïta. Ce n'est

plus mon nom! Je suis quelque chose de tellement nouveau, et d'inconnu de moi-même...

JULIETTE. — Est-ce tant pis?

EMMA. — Je ne veux pas y penser.

JULIETTE. — Pour moi, en tout cas, c'est tant mieux! Ah! chère Baïta... Notre gardienne d'amour...

RENÉ, *se retournant.* — Oh! vous êtes là! Il y a longtemps?

JULIETTE, *taquine.* — Il y a assez longtemps... Nous avons tout vu.

ANTOINETTE, *gentiment désinvolte pour n'être pas confuse.* — Eh bien, est-ce que c'était disgracieux?... Bonjour, vous, madame... Que vous êtes jolie, ce soir, brillante... Et toi aussi, ma grande!

JULIETTE. — Et toi donc!

ANTOINETTE. — C'est l'Amour qui nous rend comme ça!

JULIETTE, *rieuse.* — Parle pour toi.

ANTOINETTE. — Oui, c'est vrai... Mais je ne sais pas : vous aussi, vous avez l'air de deux amoureuses...

EMMA, *calmement.* — C'est votre double reflet; votre sœur a le vôtre, j'ai celui de René.

ANTOINETTE. — Eh bien, ça vous rend très belle. Votre fils, d'un coup, vous rend tout ce que vous avez fait pour lui.

RENÉ. — Ça serait trop facile... Mais, c'est vrai : tu es extraordinaire. Tu as l'air d'une étoile de notre ciel là-bas... Je suis très orgueilleux de toi.

EMMA, *souriante.* — Parce que tu me trouves jolie?

RENÉ. — Pour ça aussi.

ANTOINETTE, *à Juliette.* — Crois-tu qu'il a la voix douce, hein? Même quand il parle à sa mère... Ah! madame, vous savez, votre fils est un enjôleur...

JULIETTE, *gaie.* — Je t'assure qu'il a de qui tenir...

EMMA. — Allons, allons, ne vous moquez pas des bonnes gens. Et vous, mes petits, rentrez un peu au salon... la duchesse vous réclamait...

ANTOINETTE. — En route... Venez, René, venez, câlin, vous ferez demain la cour à votre mère.

EMMA, *riant.* — Entendez-la... Cette petite folle...

Scène III

EMMA, JULIETTE

JULIETTE. — Tu vois, hein, ma Emma, tout le monde le remarque...

EMMA. — Quoi?

JULIETTE. — Que tu es changée! On s'en aperçoit.

EMMA. — Même moi...

JULIETTE. — Et même ton fils!

EMMA, *lentement.* — Oui... il l'embrassait bien, n'est-ce pas... C'était joli... Elle souple et comme frileuse dans sa robe blanche et lui, robuste, serré dans son smoking noir... les pieds bien appuyés sur le marbre de la terrasse, le cou en avant, penché sur elle qui ployait... *(Elle change de ton, on sent que la vision cesse; la voix devient plus claire pour exprimer l'idée.)* Tu as remarqué, Juliette, que leurs bouches se touchaient à peine et cependant leurs lèvres s'épousaient si bien... Mon fils a l'instinct du baiser. Un moment, quand son bras la soutint vers la taille et l'éleva vers lui, au point qu'elle dut se mettre sur la pointe du pied, leurs deux bouches ne furent plus qu'une fleur rouge prisonnière entre eux... et cependant, j'en suis sûre, ils surent ne pas les entr'ouvrir... les lèvres seules et l'âme... Je les ai bien vus. Je suis contente. Mon fils a l'instinct du baiser...

JULIETTE. — Tu me fais rire! Que tu aimes l'Amour! Et quel chemin parcouru... te voilà devenue professeur en baiser. Tu dissertes sur les façons dont il se donne... toi qui n'as pas l'expérience...

EMMA, *grave.* — Je l'ai eue toute jeune, et d'un seul coup, quand j'ai aimé... Et depuis, je n'ai plus oublié.

JULIETTE. — Que tu es jeune!

EMMA. — Comme le désir... C'est vrai que la plupart des amants s'embrassent mal... Il n'y a qu'à lire les descriptions dans les romans... Comme on voit que l'écrivain écrit sur le baiser, en fumant sa pipe...

JULIETTE, *rieuse.* — Mais, dis donc, j'espère que tu ne parles pas pour Georges.

EMMA. — Non, pas pour lui... Mais tiens, toi, tu ne sais pas embrasser... Non, non, tu ne sais pas... Hier, dans la forêt, vous vous êtes pris la bouche tous les deux. Je vous ai bien regardés...

JULIETTE. — Voyeuse!

EMMA. — Tu riais, tu avais l'air de manger un bonbon... Le baiser est toujours un peu triste. Il n'admet pas le sourire entre la lèvre et lui... Et puis, je crois qu'un moment tu as été jusqu'à l'agacer... avec ce qui n'est fait que pour parler... pour dire : « Tu m'aimes » ou « Je t'aime », — ce qui est mieux... Faut pas... A peine si, quelquefois, pas trop souvent, les dents peuvent se frôler pour laisser passer le souffle... Mais c'est tout... Pas plus!... *(Elle change de ton.)* Essaye. Embrasse comme on prie. Tu verras que c'est ça, le baiser.

JULIETTE, *rieuse.* — Merci de la leçon. J'essaierai. Et pas plus tard que tout à l'heure. Tu sais, ma Baïta, que j'ai eu une idée épatante de m'adresser à toi. Non seulement tu nous as aidés, protégés, mais encore, que de bons conseils... Tu es un professeur. Depuis que je te connais, je m'en aperçois bien... je n'étais qu'une élève. Et je fais des progrès...

Elle rit.

EMMA. — Pourquoi ris-tu?

JULIETTE. — Je ris en pensant aux premiers conseils que tu me donnais... Avoir un amant, c'est terrible! c'est très mal! Il ne faut pas! Le renoncement? Eh bien, ma grande, ils ont rudement évolué, tes conseils...

EMMA, *elle se lève et s'éloigne un peu.* — Ne me le reproche pas. C'est votre faute à tous les deux.

JULIETTE. — Je ne te le reproche pas. Je t'écoute toujours... Tiens, sens... Tu vois, je me suis servie du mélange que tu m'as préparé toi-même...

Elle rejoint Emma Baïta au milieu de la terrasse.

EMMA. — Tu as bien fait... il est doux comme la nuit.

JULIETTE, *rieuse.* — Tu en as du vice!

EMMA, *sincère.* — Moi? Je ne sais même pas ce que c'est. Le vice est laid. Les vicieux sont les alcooliques de l'amour. La volupté n'est pas le vice... c'est même tout à fait le contraire...

JULIETTE. — Tout de même, la question des parfums...

EMMA. — Les parfums ont une grande importance. Entouré de parfums violents, le corps n'est plus qu'un déguisé... On ne le connaît plus... Il est différent comme un visage sous des postiches... Il ne faut pas que le parfum vienne à vous ; il faut qu'on aille le chercher... et qu'on découvre, sous le piège permis de l'odeur illusoire, très discrète, le véritable vainqueur de l'instinct amoureux : l'odeur du corps aimé.

JULIETTE. — O raffinée! Subtile! Gâcheuse!

EMMA. — Pourquoi gâcheuse?

JULIETTE. — Parce que, si tu voulais, tu serais une maîtresse incomparable.

EMMA. — J'en suis une. Je n'ai pas besoin de me donner pour ça.

Elle se rassoit.

JULIETTE, près d'elle. — Ecoute, dis-moi la vérité? Jamais?... Vraiment, jamais?

EMMA. — Jamais... J'aurais dû, peut-être... J'ai mené ma vie autrement. Et aujourd'hui, il est trop tard.

JULIETTE. — Mais non.

EMMA. — Flatteuse...

La musique cesse.

JULIETTE. — Dis-moi, tu sais, j'ai fait comme tu m'as dit... oui, tu sais bien... pour son anniversaire... Trente-six ans! Quel jour ce sera!

EMMA. — Mais c'est aujourd'hui. Je te l'ai dit. J'ai cru que...

JULIETTE, saisie. — Je l'ai oublié. Oh! ça, c'est pas de veine! Comment faire? J'avais envoyé chez Cartier le petit dessin que tu m'avais fait pour le porte-cigarettes... Et je ne l'aurai que la semaine prochaine. Oh! comment faire? (Vite consolée.) Tant pis. Je lui dirai que je me suis trompée de huit jours.

EMMA. — Ça ne lui fera pas plaisir...

JULIETTE. — C'est sûr, — d'autant qu'il est un peu cocotte... A quoi penses-tu?

EMMA, hésitante. — Ecoute, il y a peut-être un moyen... j'ai une idée... Nous avons la même couleur de cheveux, la même qualité...

JULIETTE, vite. — Oh! oui, c'est très bien, parfait!

EMMA — Quoi?

JULIETTE. — Je ne sais pas. Mais comme tu as toujours des idées ingénieuses, j'approuve d'avance.

EMMA, hésitante. — Celle-ci est bien simple, tu vas voir... J'ai dans mon sac un petit bracelet, que je mets quelquefois, mais qu'il n'a jamais vu... un bracelet que je m'étais amusée à faire faire pour moi-même, de cheveux tressés...

JULIETTE. — Les tiens?

EMMA, très naturellement et s'y efforçant. — Oui, les miens. Les indigènes, là-bas, font ça très bien. Mais il y a aussi des maisons à Paris. Alors, si tu veux... je vais te le donner... Tu vois, c'est à coulisse avec deux plaques d'or... Tu lui diras que ce sont tes cheveux...

JULIETTE, prenant le bracelet. — Mais oui, c'est épatant! Mais peut-être que tu y tiens...

EMMA. — Nous aurons le temps d'en faire un pareil. Un jour tu les changeras sans qu'il le voie. En attendant...

JULIETTE, ravie. — En attendant, il aura son cadeau d'anniversaire. Il sera enchanté. Il n'y a que la foi qui sauve... C'est épatant, tu sais... on dirait les miens...

EMMA, bizarre. — Oui. Les cheveux, tant que ça garde sa couleur, ça ne vieillit pas.

JULIETTE. — Voilà Roméo!... Attention, faut pas se couper!

Scène IV

LES MÊMES, GEORGES DE RUPERT

RUPERT. — Bonsoir, chérie... (A Emma.) Bonsoir, vous... Je me sauve du salon comme un voleur.

JULIETTE. — Bonsoir... Tu jouais?

RUPERT. — Oui, ton mari m'a dévalisé.

JULIETTE, rieuse. — C'est bien son tour.

RUPERT. — Je ne m'en plains pas... Oh! comme tu sens bon. C'est nouveau, ça... C'est suave, c'est doux. C'est comme une chemise de parfums autour de toi... on devine le corps.

JULIETTE, frôleuse. — Ça te plaît, hein? C'est une trouvaille.

RUPERT. — Tu n'as que des trouvailles...

JULIETTE. — La preuve, c'est que je t'ai trouvé...

RUPERT, à Emma. — Croyez-vous qu'elle est gentille! J'ai trop de bonheur, moi, tu sais!

JULIETTE. — Jamais trop... Quel âge as-tu?

RUPERT, avec un petit sursaut. — Oh! mon Dieu!... Oh! mais, c'est vrai... c'est aujourd'hui... quelle horreur : trente-six ans!

EMMA, avec un étrange sourire. — Ne vous plaignez pas.

JULIETTE, gaie. — Donne ton bras, esclave!... Donne ton bras... Voici une chaîne... Oui, une chaîne de mes cheveux... que j'ai fait faire pour toi... pour te plaire...

RUPERT. — Oh! mais, mon amour, mais c'est trop gentil...

JULIETTE. — Ça te fait plaisir?

RUPERT. — Rien ne pouvait plus...

JULIETTE. — Alors, embrasse-moi...

EMMA. — Prenez garde...

JULIETTE. — Pas de danger, tu es là.

Ils s'embrassent longuement. La musique reprend.

RUPERT. — Ça, c'est encore le meilleur cadeau!... Tu ne m'as jamais embrassé si bien.

JULIETTE, gamine. — J'ai appris.

RUPERT. — Où çà?

JULIETTE, même jeu. — A l'école... Là, maintenant, je me sauve... A tout à l'heure... Restez un peu qu'on ne remarque pas... (A Baita, en sortant.) Toi, tu es un amour.

EMMA, à part. — Un! Article indéfini...

Scène V

EMMA BAITA, GEORGES DE RUPERT

RUPERT. — Quelle maîtresse, mon amie!

EMMA. — Vous êtes heureux?

RUPERT. — Est-ce que je n'en ai pas l'air?

EMMA, gravement. — Si.

RUPERT. — Vous avez porté bonheur à notre amour. Depuis votre complicité charmante — et si légère — nous avons pu nous voir, nous aimer presque librement. Ah! on voit bien que vous avez lu des romans! Quelles inventions! Tous les jours une nouvelle, pour organiser notre joie. Et avec quel tact, quelle habileté! Autour de nous, personne ne se doute.

EMMA. — C'est bien heureux.

RUPERT. — Et ça, c'est la chance extérieure, mais il y a l'autre qui a bien son prix... la chance en dedans, ou invisible quand elle est autour de nous : l'*aura*, comme disent les savants. Eh bien, depuis quelque temps, l'aura de notre amour est plus magnifique. Si j'étais superstitieux, je croirais que vous êtes notre bonne sorcière... Eh! eh! qui sait, hein, les gens comme vous, les gens des îles, ça vous a peut-être des tas de secrets...

EMMA, immobile. — Il n'y a qu'un secret, c'est que vous êtes aimé.

RUPERT. — Oui, n'est-ce pas?

EMMA, même jeu. — Et très aimé. Ne sentez-vous pas, autour de vous, cette espèce d'ardeur magnifique, qui est la présence constante de l'amour?

RUPERT. — Je le sens comme jamais je ne l'ai senti : Juliette...

EMMA, le regard d'angle. — Vous l'aimez, hein?

RUPERT. — J'en suis fou! « Quelle maîtresse! »... ai-je dit... et je ne saurais trop le dire! Chaque jour, elle se renouvelle. Au début de notre liaison, elle n'était pas ainsi... Elle était plus... elle était moins... je ne sais expliquer... moins saturée de tendresse qu'elle ne l'est aujourd'hui. Et moi je vis dans quelque chose d'exaltant. Une flamme a grandi le feu.

EMMA, toujours immobile. — Une flamme!

RUPERT. — Oui, quelque chose de brûlant qu'elle et moi, seuls, nous éprouvons. Vous ne pouvez pas savoir...

EMMA, avec on ne sait quel mystère qui se dégage d'elle. — Tant mieux que je ne sache pas. L'amour, c'est le secret... Je suis devant l'autel où vous brûlez, comme une servante sage. J'assiste au sacrifice : je ne communie pas.

RUPERT. — Tenez, ce bracelet, cette idée charmante d'amoureuse... Peut-être ne comprenez-vous pas que c'est un cadeau double, je veux dire un cadeau pour deux personnes. Je le porterai; et elle, sur moi, le verra comme une parcelle détachée d'elle-même.

EMMA, même jeu. — L'important, c'est que, vous, vous ayez compris. En effet, je m'imagine la joie obscure et constante qu'elle aura en regardant votre poignet...

RUPERT. — Je vous assure. Il faut avoir l'amour en soi pour bien jouir de ces détails. Ils vous semblent puérils, ils ne le sont pas.

EMMA. — Je n'ai pas dit qu'ils le soient...

RUPERT. — Voyez-vous, ce qui est admirable en elle, c'est ce soin nouveau qui lui est venu, ce soin constant d'orner l'amour. C'est une admirable maîtresse.

EMMA, souriante. — C'est une admirable maîtresse.

RUPERT. — Vous le pensez comme moi?

EMMA, baissant la tête. — Je le pense comme vous!

Scène VI

EMMA, GEORGES DE RUPERT,
LA FOURCADE

LA FOURCADE. — Ah! je vous y prends!... Si, si, ne vous défendez pas... je vous y prends : vous flirtez!

RUPERT. — Flirter! Grands dieux, vous n'y êtes pas. Mme Baïta est trop raisonnable.

EMMA, souriante. — Il y a encore ça.

LA FOURCADE. — Vous ne me donnerez pas le change! Raisonnable? Elle? Ah! non, par exemple, elle n'est pas si raisonnable que ça!

EMMA. — Comment, je ne suis pas?...

LA FOURCADE. — Non, vous n'êtes pas...

RUPERT. — Qu'est-ce qu'il vous faut...

LA FOURCADE. — Ce qu'il me faut? Tenez, je vous le dirais bien. Mais, comme vous n'êtes pas raisonnable, vous n'écouteriez pas... Tant pis : j'y vais. Vous m'épouseriez si vous étiez raisonnable.

EMMA. — Vous êtes fou!

LA FOURCADE. — Voilà, ça y est! Qu'est-ce que j'avais dit...

RUPERT, regardant La Fourcade. — Il est sérieux, vous savez...

LA FOURCADE. — Mais naturellement, je suis sérieux. En voilà une réflexion... Ça m'a pris comme ça tout d'un coup, dans le salon... il y a cinq minutes...

EMMA. — Le coup de foudre! Depuis vingt ans qu'on se connaît...

LA FOURCADE. — Vingt-deux. Ce n'est pas le coup de foudre C'est un vieil orage amoncelé qui éclate.

EMMA. — Choisissez vos paratonnerres...

LA FOURCADE, la regardant avec douceur. — Il a raison, vous savez... je suis sérieux. Je ne plaisante pas... il ne faut pas répondre comme ça : ça me ferait de la peine.

EMMA, interdite. — Mais, mon ami...

LA FOURCADE, très simple. — Ecoutez-moi... écoutez-moi... Pendant que vous étiez là tous les deux à flirter — je le répète — savez-vous ce qui se passait dans ce salon? Il se passait que j'obtenais, pour votre fils, un oui définitif. Je vous l'apporte tout chaud.

RUPERT. — Oh! ça me fait plaisir... C'est une bonne nouvelle.

LA FOURCADE. — Alors, bonne âme, je suis accouru vous le dire... Et, en arrivant, j'ai eu une illumination. Pas le coup de foudre, non, l'éclair. Je me suis dit : jamais un sans deux.

EMMA, vraiment loin de bien comprendre. — Un, quoi? Deux, quoi?

LA FOURCADE. — Deux mariages. Votre fils épouse ma nièce, et vous, vous m'épousez! Hein, qu'en dites-vous?... Eh bien, répondez.

EMMA, suivant sa pensée. — Mon petit René! Comme je suis contente! Lui si bon, si brave!... Quelle joie pour moi!

LA FOURCADE, plus ému qu'il ne veut le paraître. — Pour lui, ça va, c'est entendu, c'est fait! quelle joie! Mais pour moi?

EMMA, le regardant. — Ah ça, La Fourcade?... C'est qu'il a ses bons vieux yeux que je connais bien, ses yeux des grandes occasions...

LA FOURCADE. — Mes yeux d'enfant. Ecoutez, Rupert, dites-lui que je parle vrai. Elle a si peu l'air de comprendre, que ça m'intimide, moi, tout d'un coup... C'est pourtant bien simple! Vous dites : « Mon fils se marie, quelle joie! » Je comprends, c'est le premier cri! Mais après... Il y a la vie... la vie de tous les jours... Vous allez être seule... de nouveau... Le bonheur de René, c'était votre but. Il est atteint. Qu'est-ce que vous allez faire? Vous n'allez pas retourner dans votre véranda... Pourquoi ne resterions-nous pas en France tous les deux? On voyagerait de temps en temps. L'honorable M. La Fourcade et sa femme?... On aurait beaucoup de succès... Nous serions deux originaux parfaitement heureux. Ce n'est pas si bête... Elle ne répond pas!... Regardez-la, elle a l'air, tout d'un coup, d'une somnambule... Eh bien, répondez...

RUPERT. — C'est vrai, ce n'est pas si bête. C'est imprévu... Mais à la réflexion... Eh bien, chère amie

LA FOURCADE, avec une bonne émotion. — Dites oui... C'est votre flirt lui-même, qui vous le demande...

RUPERT. — Je ne le permettrais pas. Mais nous sommes devenus de grands amis, Mme Baïta et moi...

et si elle nous promet de ne pas... nous abandonner tout de suite...

LA FOURCADE. — Qui, nous?

RUPERT. — Tout le monde... Tous ceux pour qui elle est si... précieuse... eh bien, il me semble que...

EMMA, *nerveuse tout à coup.* — Il vous semble mal. Cette plaisanterie est ridicule et me froisse beaucoup. Je ne peux pas vous dire à quel point je me sens... je ne trouve pas le mot... Cette attaque brusquée, et là, devant vous, monsieur de Rupert! J'excuse mon vieux camarade... je comprends qu'il ait voulu du renfort... C'est une entreprise tellement absurde!... Mais que vous, tout d'un coup, en ami, vous donniez votre avis... vous disposiez de moi!... je vous assure... je suis humiliée, très humiliée.

LA FOURCADE, *chagrin.* — Ne dites pas un mot de plus... c'est moi qui le serais.

EMMA, *se reprenant.* — Pardon, La Fourcade... Donnez-moi la main... Je viens d'être ridicule et méchante... Je ne sais ce qui m'a pris.

RUPERT. — C'est ma faute. J'ai cru être autorisé parce que... Enfin, j'ai cru... Il ne faut pas m'en vouloir! Pas une ombre, ce serait si mal!... Il y a tant de joie ici ce soir... et qui vient de vous!... Je vous laisse... Allons, faites vite votre sourire... Là... Mon Dieu, une déclaration, ce n'est pas si grave... Je vous laisse... Oh! madame Baïta, madame Baïta, comme vous avez peur de l'amour!

Scène VII

EMMA, LA FOURCADE

Un temps. La Fourcade ne dit plus rien. Une gêne.

EMMA, *allant à lui.* — Excusez-moi, je vous ai fait de la peine.

LA FOURCADE, *sincère.* — Oui.

EMMA, *avec gentillesse, s'efforçant de plaisanter, n'y parvenant pas.* — Il ne faut pas m'en vouloir... J'ai eu une crise... Le vieil orage dont vous parliez... C'est peut-être lui qui me traversait?... Et puis, je vais vous dire : je ne flirtais pas avec M. de Rupert, mais nous parlions de choses... assez tristes, au contraire... Oh! pas personnelles, vous pensez... Alors, n'est-ce pas, votre arrivée inattendue et cette attaque brusque en gaieté?... ça m'a fait mal.

LA FOURCADE. — Alors, c'est moi qui vous demande pardon... Evidemment, je n'aurais pas dû... devant un étranger. Mais sa présence me donnait du courage... car, au fond, vous m'intimidez... avec votre air de Joconde exotique...

EMMA, *mélancoliquement.* — La Joconde... au grand fils...

LA FOURCADE. — Ce besoin que vous avez de dire toujours du mal de vous!

EMMA. — Je dis ce que je pense.

LA FOURCADE. — Mais il n'y a que vous qui le pensez. Et la preuve, c'est que j'ai eu deux raisons de vous attaquer, comme ça, devant Rupert... Je voulais voir l'effet sur lui, et si, en effet, vous ne flirtiez pas.

EMMA, *haussant les épaules.* — Vous êtes absurde! Un homme aimé des femmes, et qui a neuf ans de moins que moi... Il est vrai que j'ai mis ma jeunesse de côté...

LA FOURCADE. — Vous l'avez économisée et aujourd'hui vous jouissez d'un beau revenu, je vous l'assure. Alors, je m'étais dit...

EMMA. — Ne recommencez pas.

LA FOURCADE. — Je ne recommence pas. Seulement, moi, je suis un vieil original. A mon âge, on s'éprend d'un tendron... quand, Dieu merci! ce n'est pas d'une gamine... Je trouvais plus curieux, plus étonnant, de convoiter...

EMMA, *redevenant nerveuse.* — Une femme assortie à vous?... En effet, c'est plus sage... Mais, tenez, La Fourcade, rions, voulez-vous.

LA FOURCADE, *la regardant.* — Vous n'avez pas l'air d'en avoir envie...

EMMA, *bizarre.* — Mais si... Et tenez, je vais vous faire un aveu... Ce ne serait pas tellement sage de m'épouser... J'ai eu un long sommeil sentimental... une éclipse de cœur... Mais on se réveille... l'éclipse ne dure pas toujours... Qui sait, je vais peut-être m'émanciper?...

LA FOURCADE. — Vous, allons donc!

EMMA, *frissonnante.* — Oui, vous avez raison. C'est trop tard!... trop tard!

LA FOURCADE. — Mais qu'est-ce que vous avez?

EMMA. — Je suis triste. J'ai comme un remords.

LA FOURCADE. — Un remords? A qui avez-vous fait du mal?

EMMA. — A moi!

LA FOURCADE, *hochant la tête pour approuver.* — Ça!

EMMA, *son émotion grandit.* — Et toute ma vie! Quelle bêtise j'ai dite tout à l'heure! Economiser! On économise de l'argent. On ne place pas sa jeunesse. Quand on veut la retrouver, les titres sont dans l'eau. Et on reste là, devant l'ancienne image de soi-même, comme un voyageur qui retourne au foyer et qui ne voit plus que des ruines... Ce soir, tenez, La Fourcade, je pense à cela sérieusement, pour la première fois... Mon courage me manque... Je ne crois plus que j'ai bien fait... Et je me sens triste à mourir.

La musique reprend.

LA FOURCADE. — Mais pourquoi ce soir?

EMMA. — Sans doute l'odeur de passion qui règne sur cette terrasse où tout à l'heure j'ai vu les lèvres de René sur celles d'Antoinette...

LA FOURCADE. — Et puis, encore une autre raison.

EMMA, *un peu farouchement.* — Aucune.

LA FOURCADE. — Si, moi, le vieil amoureux!... Vous vous dites qu'autrefois, de plus jeunes...

EMMA, *avec angoisse.* — Peut-être... peut-être que je me dis cela! Ce soir, tout le passé lève sur moi je ne sais quels épouvantables couteaux... Il me regarde avec défi, avec reproche, avec haine... Et je l'entends à mon oreille qui murmure : « Trop tard... Tu me vois, c'est moi... J'étais ta jeunesse... Tu m'as gaspillée, fausse économe... Il ne reste rien dans tes mains, que la crispation de les savoir vides... » Trop tard!

LA FOURCADE. — Il n'est jamais trop tard...

EMMA. — Pour mal faire, si. Plutôt que d'être ridicule aujourd'hui... quand j'aurais été si belle autrefois.

LA FOURCADE, *la regardant.* — Ma parole, vous êtes amoureuse.

EMMA, *gênée.* — Vous êtes fou! C'est vous, c'est vous seul, avec votre demande en mariage, qui avez remué le fond de mon regret...

LA FOURCADE, *se rappelant Baudelaire, un peu âpre.* — « Le regret souriant... Les défuntes années. »

EMMA, *dans un trouble grandissant.* — C'est vous seul : ne cherchez pas autre chose. Mais vous avez ouvert le coffret, trop fermé, et maintenant laissez-moi, devant vous, faire l'étalage... Oui, ce soir, j'ai envie de parler, j'ai envie de me plaindre... un peu plus, j'aurais envie de pleurer... J'aurais envie de pleurer, de pleurer tout haut, comme une bête qui va mourir, comme une maîtresse abandonnée... moi qui n'ai jamais eu d'amant! Vous voyez, mes larmes viennent... j'en ai plein les yeux, et je ne peux plus les retenir... Mon Dieu! que c'est bête! que c'est bête!

LA FOURCADE, *hochant la tête.* — Mais non, ce n'est pas bête! Et il y a longtemps que j'avais prévu...

EMMA. — Oui, je sais, vous me le disiez! Et moi, je riais! Eh bien! vous voyez, je ne ris plus : je pleure! Ah! je m'en veux! je m'en veux!

LA FOURCADE, *même jeu.* — De quoi? De votre faiblesse d'aujourd'hui? Ou de votre force d'hier?

EMMA. — Des deux! Je ne sais plus où j'en suis...

LA FOURCADE, *presque dur.* — Vous êtes amoureuse?

EMMA, *torturée.* — Taisez-vous, je vous en prie, taisez-vous...

Un temps.

LA FOURCADE, *avec tout son cœur.* — Ma pauvre Emma!...

EMMA. — Oui, pauvre Emma! S'en aller comme une guerrière, avec une armure, et s'apercevoir que les blessures viennent du dedans! Ah! je sais bien ce qui m'arrive. C'est tout mon orgueil rentré qui, aujourd'hui, ressort en confusion. *(Elle se lève.)* Je vous défends de dire que je suis amoureuse. Je ne suis pas amoureuse. Et de qui, amoureuse? Il n'y a personne!

LA FOURCADE. — Personne?

EMMA, *frappant du pied.* — Non, personne!

LA FOURCADE. — Oh! naturellement, je ne parle pas pour moi.

EMMA. — Personne, je vous dis!... *(Elle change de ton.)* Il y a vous, qui êtes mon ami et auquel je me plains tout haut.

LA FOURCADE. — Si ça vous fait du bien...

EMMA, *torturée.* — Au contraire, ça me fait du mal. Mais ça ne fait rien, c'est bon! J'appuie!... Tout de même, tout de même, quand j'y pense... Quelle maîtresse j'aurais été... Si vous saviez quelles luttes... quelles solitudes parfois et comme il me fallait de la cruauté envers moi-même! Ah! j'aurais bien mieux fait d'en avoir avec les autres...

LA FOURCADE, *les yeux dans les yeux.* — Mais vous en avez...

EMMA, *lui tendant la main.* — Mon pauvre vieux, sommes-nous assez ridicules, hein?

LA FOURCADE. — Pas du tout.

EMMA. — Mais si... de quoi ai-je l'air? J'ai, ce soir, une colère de ratée... et cependant, Dieu sait que je n'envie pas les succès des autres... Ah! ça non! Seulement je me dis : tu étais belle...

LA FOURCADE. — Vous l'êtes encore...

EMMA. — Tu étais amoureuse...

LA FOURCADE. — Vous l'êtes encore...

EMMA, *s'exaltant.* — Trop tard! trop tard!... Je me dis : j'avais tout et je n'ai plus rien... et je n'aurai jamais plus rien... J'ai gâché ma vie; j'ai vécu inutile, déserte, et je suis peuplée tout à coup de regrets — pas souriants, je vous l'assure — mais affreux... Une nostalgie tombe sur moi... si lourde, si lourde, que je voudrais mourir là, sur cette terrasse, en murmurant le mot que j'ai méprisé... ce mot que j'ai enfermé et qui sort aujourd'hui, qui me torture, qui me bouleverse et dont je sais trop tard qu'il est toute la vie : Amour... Amour... Amour...

Apparaît René sur le seuil.

LA FOURCADE, *la rappelant aux réalités.* — Reprenez-vous, au nom du ciel!

RENÉ, *appelant.* — Antoinette, ma chérie, venez, elle est là... *(Antoinette le rejoint. Il est soulevé de joie.)* C'est fait, maman, c'est fait. On me la donne. Elle est à nous!

ANTOINETTE. — Et bien contente!

RENÉ, *à Emma.* — Oh! mais, qu'est-ce que tu as? Tu es toute pâle!

LA FOURCADE, *vivement.* — Rien, rien... quelques nerfs torturés... la migraine!

RENÉ. — O pauvre maman!

EMMA, *se maîtrisant tout à fait.* — C'est passé. Votre joie me suffit... C'est fini.

RENÉ. — Tu es heureuse?

EMMA. — Oui, très heureuse et très fière.

RENÉ. — La duchesse vient. Oh! si tu savais comme elle m'a appelé gentiment son fils... Tu n'es pas jalouse?

EMMA, *du fond d'elle-même.* — Je ne suis jamais jalouse.

Scène VIII

LES MÊMES, LA DUCHESSE, PAUL DE GRIGAN, JULIETTE, GEORGES DE RUPERT, ROGER DE GRIGAN

LA DUCHESSE. — Eh bien, mon amie, voilà qui est fait! Nous avons chacune un enfant de plus.

RUPERT, *à part, à Juliette.* — A leur âge, c'est un scandale.

JULIETTE. — Veux-tu te taire, grande bête.

PAUL, *les observant, à part.* — Ils se parlent tout bas?

EMMA. — Madame la duchesse, je ne m'attendais pas en venant ici... Peut-être n'aurais-je pas osé y venir...

LA DUCHESSE. — Vous auriez eu tort. J'ai une grande estime pour votre fils et pour vous, qui avez su en faire un homme accompli... Ce mariage, que ma fille veut de tout son cœur, me plaît aujourd'hui beaucoup, *(Elle regarde son fils Paul et répète :)* beaucoup.

PAUL, *avec une politesse hostile.* — Je me rallie et j'apporte mes compliments. Tout cela est très bien...

LA FOURCADE, *à part.* — Il n'y a que toi qui n'est pas très bien.

ROGER, *s'avançant vers René.* — Tu sais, mon vieux, je suis de cœur... Tu me plais beaucoup! Tu le sais, hein? Si tu étais une fille, c'est moi que tu aurais épousé...

RENÉ, *riant.* — Ça, c'est gentil.

ROGER. — Sans blague, tu es un type épatant.

LA DUCHESSE. — Il ne faut pas tarder. Nous ferons le mariage ici même...

ANTOINETTE. — Oui, un mariage de campagne, ça sera charmant... Et on voyagera tout l'hiver...

PAUL, *à part.* — Le temps d'habituer le monde à la mésalliance...

LA FOURCADE, *près de lui.* — Qu'est-ce que tu ronchonnes, toi? Ça ne te plaît pas?

PAUL. — A moitié.

LA FOURCADE. — Tu as tort. Il rendra sa femme heureuse... C'est l'essentiel.

PAUL. — Il ne manquerait que ça... avec le nom qu'il lui apporte!

Il remonte.

LA DUCHESSE. — Et, n'est-ce pas, madame Baïta, vous nous resterez?... Et d'ailleurs la France vous réussit. Depuis que vous êtes ici, vous êtes devenue tout à fait différente.

EMMA. — J'en ai bien peur...

LA DUCHESSE. — Oh! il ne faut pas... c'est beaucoup mieux...

JULIETTE. — Il n'est que onze heures. On va danser. J'ai envie d'un tango. *(A part, à Rupert.)* C'est pour être dans tes bras.

ANTOINETTE. — Oh! chic! bonne idée... Il y a des disques.

LA FOURCADE. — Paul va se mettre au piano.

PAUL. — Vous savez bien que je ne joue pas de tango. Non, moi, vous m'excuserez... j'ai à parler au piqueur... pour la chasse de demain.

LA FOURCADE. — Va donc, on se passera de toi...

ANTOINETTE, *à la duchesse.* — Tu permets qu'on danse?

LA DUCHESSE. — Vos danses de sauvages!

LA FOURCADE. — Laisse donc. Le Saint-Père les a bénies...

ANTOINETTE. — René... votre fiancée vous réclame. Venez, on va ouvrir le bal. Viens, Juliette, venez, Rupert. Mon oncle...

Elle les entraîne tous. On entendra les airs de danse.

LA FOURCADE. — Voilà... voilà... Je vais m'étourdir... avec un fox-trott.

LA DUCHESSE, *qui entend.* — Un fox-trott? Qu'est-ce que c'est? C'est une liqueur?

LA FOURCADE. — C'est bien pire que ça, ma sœur. C'est un tord-boyaux.

Tous sont sortis, sauf Roger de Grigan qui était au fond de la terrasse.

Scène IX

EMMA, ROGER

EMMA, *désespérée.* — Comme je suis seule... comme j'ai mal... j'étouffe...

ROGER, *il parle avec une hardiesse timide.* — Une belle nuit, hein, madame?...

EMMA, *sursautant.* — Oui, très belle... Vous m'avez fait peur!

ROGER. — A vous... Oh! c'est bien réciproque... Vous venez danser?

EMMA. — Non, mais allez, vous.

ROGER. — Je n'ai pas envie.

EMMA. — Pourquoi donc?

ROGER. — J'ai le cafard.

EMMA. — Le cafard à dix-huit ans?

ROGER. — C'est pour ça. Il paraît que c'est l'âge. René n'avait pas le cafard à dix-huit ans?... Oh! et puis non, il ne pouvait pas.... lui, c'était votre fils.

EMMA. — Quel rapport?

ROGER. — C'est vous qui me donnez le cafard.

EMMA. — Moi?

ROGER. — Oui, vous. *(Un temps. Brusquement.)* Je suis amoureux de vous, madame.

EMMA, *saisie.* — Qu'est-ce que vous dites?

ROGER. — Vous avez très bien entendu. Je suis amoureux de vous. Et vous savez, amoureux comme un homme! Non, faut pas vous fâcher. Je sais que vous êtes une honnête femme On le répète assez.. et puis ça se voit... j'en ai déjà vu, vous savez, qui n'étaient pas des honnêtes femmes... mais vous, vous êtes épatante, vous ne ressemblez à personne ; et puis, vous êtes belle... vous êtes très belle.. Je pense à vous, souvent, le soir, et quelquefois aussi la nuit.. Non, faut pas vous fâcher... Ce n'est pas mal ce que je vous dis! Je sais bien qu'il n'y aura rien... que vous ne voudrez pas... mais quand je me répète ça, ça me fait du chagrin... *(Avec énergie.)* Et, vous savez, je suis pas un gosse!

EMMA, *joignant les mains avec on ne sait quel bouleversement mêlé d'une envie de rire.* — Chérubin!... Mais, mon Dieu, qu'est-ce qui m'arrive? Mais vous êtes fou, mon petit gars. C'est à moi... à moi que vous dites ça... à moi, une maman..

ROGER. — Laissez-moi tranquille avec ce mot-là! Il ne veut rien dire. Ma petite sœur aussi sera peut-être maman, l'année prochaine...

EMMA, *riant.* — Alors, moi, je serai grand'mère..

ROGER, *tapant du pied.* — Voulez-vous ne pas dire ça... Oh! vous êtes belle, vous êtes si belle, avec vos grands yeux noirs...

EMMA, *riant.* — Voulez-vous vous taire! C'est une romance! Mais oui, c'est une romance.

ROGER, *farouche.* — Faut pas se moquer des romances... Moi je vous dis ce que je sens... et je suis obligé de vous le dire... Oh! j'aimerais tant que vous me câliniez... Vous devez être si douce...

EMMA, *lentement.* — Chérubin! .

Un silence.

ROGER. — Vous êtes fâchée?

EMMA, *attendrie.* — Non... C'est très gentil... c'est imprévu, mais c'est très gentil! Il ne faudra plus jamais m'en parler... parce que c'est gentil comme ça, une fois en passant... Si vous recommenciez, ce serait moins gentil... Mais maintenant, vous me l'avez dit.. je le sais... *(Elle a envie de rire.)* Il y a un secret entre nous! Et, maintenant, allez vite danser... Allez, allez... et, n'est-ce pas, plus jamais?... Sinon, je vous répéterais : dans un an, je serai...

ROGER. — C'est bon. J'ai compris. Ah! naturellement, je suis trop gosse! Ah! si c'était votre romancier...

EMMA. — Comment?

ROGER. — Si vous croyez que je ne vois pas clair!... Enfin, c'est bon, je m'en vais! Mais cette nuit, allez, il y aura quelqu'un qui pensera à vous...

Il sort brusquement. On entend bien la danse, le clair de lune est bleu sur la terrasse.

EMMA, *bouleversée, comme hors d'elle-même.* — Il y aura quelqu'un qui pensera à moi... « Si c'était votre romancier... » Mon Dieu, lui... lui... Et tout à l'heure La Fourcade. Mais qu'est-ce qu'il y a donc sur moi ce soir?... Est-ce que vraiment je suis encore belle?.. très belle!... Est-ce que, vraiment, il n'est pas trop tard! Trop tard?...

RENÉ, *paraissant sur la terrasse.* — Maman.

EMMA, *très bas, cassée.* — Trop tard...

Elle chancelle.

RENÉ. — On te réclame...

EMMA. — Voilà, mon enfant... je viens, je viens...

Elle rentre presque titubante dans le salon.

RIDEAU

ACTE III

Une chambre rustique dans un pavillon de chasse au centre de la forêt qui entoure le château de Grigan. Il y a une alcôve dont les rideaux sont tirés. Derrière ces rideaux, il y a un lit. Les murs sont revêtus de boiseries du dix-huitième siècle. Ce fut jadis ce qu'on appelait une folie. Il y a une tapisserie. A droite, une porte qui communique avec une autre pièce. Il y a deux fenêtres opposées l'une à l'autre, la pièce étant octogonale. Par les fenêtres entrent les premières fleurs et les premiers arbres de la forêt toute proche.

Scène première

JULIETTE, EMMA

JULIETTE, *entrant.* Ouf!... comme il fait bon... Où es-tu? Je ne vois plus clair...

EMMA, *entrant derrière elle et vue une seconde, sur le seuil, ses bras lourds de fleurs.* — Attends, j'ouvre la fenêtre... Laisse-moi d'abord me débarrasser de ce fardeau... Tu n'as pas peur d'avoir froid?

Elle a déposé des brassées de roses sur la table. L'intérieur du pavillon est éclairé par un sillon de lumière qui vient du dehors, à travers les persiennes. Emma Baïta bientôt les pousse. Le jour entre. Les arbres de la forêt sont si proches qu'ils ont l'air de tenir le pavillon à branches tendues.

JULIETTE, *assise.* — Non, je n'ai pas froid. Mais quel délice! Tu sais, ma Baïta, on viendrait ici pour le plaisir d'y être, même sans avoir un rendez-vous avec son amant.

EMMA, *prenant un vase, puis un autre.* — Ce serait peut-être plus sage.

JULIETTE. — Laisse donc. Nous sommes bien tranquilles. Ce petit pavillon est inconnu, dans la forêt. Avec sa fenêtre toujours fermée, on le croit mort...

EMMA. — Il est alors plus prudent de ne pas ouvrir...

JULIETTE. — Laisse donc, je te dis... Personne! Ouvre tout grand, au contraire, il faut recevoir le soleil... Et puis, Georges verra que nous sommes là.

EMMA, *agissant.* — Il verra que tu es!... Parce que moi, je m'en vais. Le temps d'arranger ces fleurs! Aide-moi...

JULIETTE, *paresseuse, elle enlève son chapeau.* — Oh! non, toi. Tu sais bien mieux... Pourquoi t'en vas-tu, d'abord?

EMMA, *disposant les fleurs dans des vases.* — Comment? pourquoi? Tu ne voudrais pourtant pas que je reste?

JULIETTE, *riant.* — Non, bien sûr. Mais si tu rentres seule au château, on verra que je ne suis pas avec toi.

EMMA. — J'attendrai, comme l'autre jour, à la lisière du bornage, au carrefour des hêtres.

JULIETTE, *chatte.* — Ce que tu es gentille!...

EMMA. — Un peu trop! Enfin!... *(Un silence.)* Tu sais, Juliette, que je repars bientôt?

JULIETTE, *qui était étendue, s'asseyant.* — Où ça?

EMMA. — Chez moi, là-bas...

JULIETTE. — A la Réunion?

EMMA. — Oui.

JULIETTE. — Ah! ça, tu es folle! Pourquoi?...

EMMA, *continuant d'orner les vases.* — Je n'ai plus rien à faire ici. Mon fils sera marié dans quatre jours. Alors, je m'en irai.

JULIETTE. — Mais je ne veux pas! Qu'est-ce que nous allons devenir?

EMMA. — Ecoute, tout a une fin...

JULIETTE. — Je ne te laisserai pas partir.

EMMA, *avec un sourire.* — Il faudra bien... Et puis, notre impunité, acquise depuis bientôt deux mois, aboutit à de folles imprudences.

JULIETTE. — Mais non!

EMMA. — Mais si...

JULIETTE. — Enfin, tu me lâches, dis-le!... D'ailleurs, depuis trois semaines tu es changée. Au commencement, ça avait l'air de t'amuser...

EMMA, *disposant toujours les roses.* — Ça ne m'amusait pas...

JULIETTE. — Maintenant, ça a l'air de t'ennuyer?

EMMA, *même jeu.* — Ça m'ennuie!...

JULIETTE. — Pourquoi?

EMMA. — Je ne peux pas te le dire.

JULIETTE, *se levant.* — Tu es bien difficile! C'est tout ce qu'il y a de drôle, au contraire! Qu'est-ce qu'on ferait de cet été chaud et accablant, orageux et malade, s'il n'y avait pas nos escapades...

EMMA. — Les tiennes!

JULIETTE. — Si tu veux! Enfin, c'est amusant!

EMMA, *la regardant.* — Tu es tout de même extraordinaire. On dirait que tu fais ça pour te distraire?

JULIETTE. — Dame!

EMMA. — C'est inouï!

JULIETTE. — Comment, inouï? L'amour, ce n'est pas pour se distraire?

EMMA. — Ça dépend.

JULIETTE. — De quoi?

EMMA. — Des natures.

JULIETTE. — Oh! j'étais assez triste quand je n'avais pas d'amant. Maintenant que j'en ai un, autant que je sois gaie! Et puis, ce pavillon est délicieux. C'est l'idéal. Pratique, discret, caché. C'est une ancienne Folie, tu sais.

EMMA. — C'en est toujours une.

JULIETTE, *la regardant.* — Ce que tu es drôle! Qu'est-ce que tu as?... Allons, avoue-le: ç'a été une veine de trouver ce bon coin, à une lieue à peine du château... Et, tu sais, aucun danger. C'est sur les terres d'un Bordelais, un propriétaire de vins, à qui jamais mon mari n'a parlé. Et, par les sentiers que nous prenons, personne jamais ne nous a vues...

EMMA. — Il est heureux que nous n'arrivions pas en grande pompe... Non, tu sais, Juliette, c'est fini. Encore quelques jours et je pars... D'ailleurs, je me sens malade.

JULIETTE. — Laisse-moi tranquille. Tu ne partiras pas. Je te le défends bien... Qu'est-ce que tu as? Tu est fâchée? Quelqu'un t'a fait de la peine?

EMMA, *vague.* — Non. Mais... c'est vrai... j'ai quelque chose. Je ne sais pas quoi... Tu as bien vu toi-même: d'abord, j'étais très allante... maintenant, non. C'est physique, probablement... alors, je vais partir me soigner...

JULIETTE, *sincère.* — Si tu es malade, on pourrait peut-être s'organiser? Une ville d'eaux?... Je t'accompagnerais...

EMMA. — Tu crois...

JULIETTE. — Oui. Georges me rejoindrait par un détour... Hein?

EMMA. — Non.

JULIETTE. — Pourquoi?

EMMA. — Non. J'aime mieux m'en aller toute seule. Je le sens bien... j'ai besoin de solitude.

Dehors, de la fenêtre, en costume de chasse à courre, Georges de Rupert.

Scène II

LES MÊMES, GEORGES DE RUPERT

RUPERT. — Allô!... Bonjour, mes femmes...

EMMA, *se levant en tressaillant.* — Oh! il nous a fait peur...

JULIETTE, *gaîment.* — Pas à moi. Tu l'entends, ce musulman, cet Arabe : mes femmes ?... Bonjour, chéri... Que tu es beau, comme ça, tout rouge.

RUPERT, *sautant par la fenêtre.* — Tu ne m'avais pas vu au départ?

JULIETTE. — Non, j'étais dans mon bain. Je me faisais masser par ma négresse.

RUPERT. — Qui ça, ta négresse?

JULIETTE. — La petite femme de chambre bretonne.

RUPERT. — Maboule...

Il l'embrasse.

EMMA, *la regardant.* — Le fait est qu'elle devient bien excentrique.

JULIETTE, *de bonne humeur.* — C'est ton exemple, chère amie.

EMMA. — Aussi, j'ai bien raison de m'en aller...

RUPERT. — Qu'est-ce que j'entends?

JULIETTE. — Oui, imagine-toi qu'elle veut faire ses malles.

RUPERT, *riant.* — N'aie pas peur. On ne les chargera pas... *(Emma a un petit rire.)* Non, madame, on ne les chargera pas... Vous n'êtes pas encore partie. Vous partirez quand je romprai avec Juliette.

EMMA. — C'est-à-dire?

RUPERT. — C'est-à-dire : jamais.

EMMA. — C'est gai.

RUPERT. — Ce n'est pas triste. *(Changeant de thème.)* Dis-moi, chérie, tu ne m'attendais pas si tôt?

JULIETTE, *câline.* — Oh! je savais bien que tu viendrais vite.

EMMA. — Comme elle est sûre d'elle, hein?

RUPERT. — Pardi!... J'ai suivi la chasse deux heures, avant de me sauver; c'est bien assez. Ils sont tous lancés sur une bête magnifique.

EMMA. — Pauvre bête!

RUPERT. — Oui. Il ne faut pas être trop magnifique, ça attire l'attention. Mais bref, toute la meute et les chevaux sont partis dans la direction des étangs, à vingt kilomètres d'ici... Aux limites du bornage de Boisprèles, près du carrefour, j'ai feint de m'arrêter et j'ai tourné bride. Mon cheval, tout fourbu, est accroché à un arbre, à deux cents mètres.

EMMA. — Ce n'est pas imprudent?

RUPERT, *à Juliette.* — Mais non... Oh! tu sais... je suis très calé, maintenant, sur notre petit pavillon. Depuis deux siècles qu'il est construit, il n'a abrité que des adultères... et les maris jamais ne s'en sont douté. C'est toujours comme ça.

JULIETTE, *gaie.* — Lovelace!

RUPERT. — Aucun rapport.

EMMA, *très naturelle.* — Voilà. Vos fleurs embaument. Votre pavillon mystérieux vous abrite. Vos cœurs sont en fête. Je m'en vais...

JULIETTE. — Je te retrouverai comme d'habitude?

EMMA. — Oui, comme d'habitude.

RUPERT. — Qu'est-ce que vous allez faire?

EMMA. — Et vous?

RUPERT, *riant.* — Oh! nous, nous sommes deux.

EMMA, *sans amertume.* — Eh bien, moi, je suis seule

RUPERT. — C'est triste!

EMMA. — Je suis habituée. Au revoir.

JULIETTE. — Au revoir, Providence... Au revoir, chérie.

EMMA, *sans intonation.* — Au revoir, au revoir...

Elle sort et referme la porte.

Scène III

RUPERT, JULIETTE

Ils restent seuls. Juliette, rieuse, se jette dans les bras de Rupert.

JULIETTE. — Elle est drôle, hein?

RUPERT. — Oui.

JULIETTE. — Nous abusons un peu.

RUPERT, *riant.* — Tu crois?

JULIETTE. — Qu'est-ce que tu penses d'elle?

RUPERT. — Ma foi, je ne sais pas. Parfois, elle m'apparait très compliquée et, quelquefois, c'est le contraire : il me semble qu'elle est tout instinct, comme une bête dans la forêt... Au fond, je n'ai aucune idée sur elle.

JULIETTE. — Tu t'en moques, hein?

RUPERT. — Oui.

JULIETTE. — Egoïste!

RUPERT. — Etre amoureux, c'est avoir des œillères. Je te vois, toi, je pense à toi. Elle, elle ne m'intéresse que par reflet.

JULIETTE. — Ingrat. Elle est très dévouée.

RUPERT, *par blague.* — Très dévouée, c'est vrai... Mais n'empêche qu'elle a oublié de nous apporter des gâteaux. *(Ils rient.)*

JULIETTE. — Quel toupet! Eh bien, je te donnerai ma bouche.

RUPERT. — Ce n'est pas un gâteau.

JULIETTE. — Qu'est-ce que c'est?

RUPERT. — C'est un fruit. Et c'est même quelque chose d'exquis, comme un mélange de tous les fruits : elle est fraîche comme un raisin, elle fond sous le baiser comme une petite pêche, et elle est rouge, comme...

JULIETTE. — Chut, ne le dis pas... Je sais quel fruit. Mais je n'aime pas ce mot-là... Ça ne porte pas chance.

RUPERT. — Qu'est-ce que tu dis là? Superstitieuse!... Comme si une merveille pareille, ta petite bouche de carmin, pouvait apporter autre chose que le bonheur...

JULIETTE. — Attends, attends...

RUPERT. — Non... *(Il va vers le lit et, s'adressant à lui.)* Tu nous attends, toi, hein, gros malin... gros rustique... Mon petit, tu sais, les objets ont une âme, une destinée. Ce lit-là, avec son bon vieux bois paterne, son air de rien, c'est un lit pour l'amour. Mais oui...

JULIETTE, *riant.* — Le fait est...

RUPERT. — Que de couples d'amants il a déjà dû voir... Pense qu'il est dans ce pavillon depuis la création! J'ai mes renseignements. Louis XV y a couché, dans ce lit, avec la Dubarry... et depuis, que d'histoires!... Ah! ce serait un livre à écrire : *Mémoires d'un lit caché.* Par exemple, il n'aime pas qu'on soit tout seul. Il se fâche, il vous fait des blagues. Il vous empêche de dormir. Quand on se couche sur lui pour se reposer, il vous dit : « Mais non, mais non. Pour quoi me prends-tu? Je ne suis pas un lit de repos.. »

JULIETTE, taquine. — Eh bien, aujourd'hui, ce sera un lit de repos...

RUPERT, sûr de lui. — Menteuse!

JULIETTE, même jeu. — Parce que je suis très fatiguée...

RUPERT, même jeu. — Blagueuse...

JULIETTE. — Et que je veux me reposer...

RUPERT. — Hâbleuse!

JULIETTE. — Tu vas voir ça...

RUPERT. — Oui, oui.

JULIETTE, qui a commencé à se déshabiller. — Tiens, chéri, aide-moi... je ne peux pas dégrafer ma robe.

RUPERT, se moquant. — Tu peux très bien te reposer avec ta robe.

JULIETTE. — Non, ça la froisserait

RUPERT. — Je comprends ça; moi aussi, ça me froisserait...

JULIETTE. — Sale caractère... Merci.

La robe est tombée.

RUPERT, la saisissant. — Hou! que tu sens bon!...

JULIETTE. — Je n'ai rien mis.

RUPERT. — C'est bien pour ça!

Il l'a portée sur le lit.

JULIETTE. — Toi aussi, tu sens bon... tu sens le sauvage!

RUPERT. — Le sauvage?

JULIETTE. — Oui, la santé, la force...

RUPERT, moqueur derechef. — Reposons-nous, chérie, reposons-nous!... Veux-tu ne pas tirer ma moustache...

JULIETTE. — Tu n'as qu'à ne pas en avoir.

RUPERT. — Tu veux que je la coupe?

JULIETTE. — Non... Attends-moi, je reviens... J'ai trop de peignes dans les cheveux.

Elle a bondi et elle est passée dans l'arrière-pièce. Un petit temps.

RUPERT, cigarette. — Chérie...

JULIETTE, de loin, invisible. — Quoi?

RUPERT. — Dépêche-toi. J'ai froid, tout seul...

JULIETTE. — Oui, i!..

RUPERT. — Tiens!

JULIETTE. — Qu'est-ce qu'il y a?

RUPERT. — Le vent a dû changer... Ou je ne comprends pas... Tu entends les cors de chasse?... Je pensais qu'on devait rabattre tout à fait sur la lisière de la forêt, du côté de la ferme de Miremont... et on entend les appels moins éloignés que je ne croyais...

JULIETTE, toujours pas en scène. — Ne t'occupe pas de ça...

RUPERT. — Crois-tu qu'ils sont bêtes, hein... et que c'est nous les malins!... (Un petit temps.)

JULIETTE. — Tu n'as pas faim?

RUPERT. — Si. Mais il n'y a rien.

JULIETTE. — Il y a tout. Ouvre la petite armoire.. Il y a du porto.

RUPERT. — Je n'ai pas besoin de porto... Plus tard.. dans une heure ou deux...

JULIETTE, gaie. — Quand on aura dormi?

RUPERT, faraud. — C'est ça...

JULIETTE. — J'arrive... (Elle rentre, ses cheveux défaits, dévêtue, et saute dans le lit.) Hou! qu'on est bien... (Mais elle bondit.) Hou! qu'est-ce que c'est?... Il y a une bête dans le lit .

RUPERT. — Ton mari!...

JULIETTE. — Il y a une bête dans le lit, je te dis!

RUPERT, imitant les clowns. — Où?... Qui?... Toi?...

JULIETTE. — Moi!...

RUPERT, riant. — Comme c'est malin!

JULIETTE. — C'est pour te faire enrager ! Tu m'appelles toujours petite bête divine!

RUPERT. — C'est vrai que je t'appelle comme ça! Ça te va très bien. Tu es une petite bête adorable comme il devait y en avoir dans l'Olympe... dans le temps...

JULIETTE. — Autrefois!

RUPERT, assis sur le lit. — Oui... et c'est épatant! C'est beaucoup mieux que d'être une madame d'aujourd'hui

JULIETTE, coquette. — Je ne suis pas une madame d'aujourd'hui?

RUPERT. — Si, chez toi, dans ton salon... Tu es une petite marquise parfaite et pleine de dignité, ma chère... Tu es une magnifique petite femme du monde, toute pleine de préjugés... Mais quand tu es seule avec moi, comme ça, au milieu de la forêt, tu fais un grand bond dans l'espace, dans le temps... et tu n'es plus qu'une petite nymphe primitive... habile et rusée en même temps que très simple... et je me sens, moi, une espèce de faune de Mallarmé, de Debussy!... Pourquoi ris-tu?... Je ne suis pas une espèce de faune?...

JULIETTE, se frottant à lui. — Si, tu es une espèce de faune!...

RUPERT. — Aussi, quelles après-midi!...

JULIETTE. — J'ai changé, hein? J'étais moins allante, autrefois... moins naturelle!

RUPERT, taquin. — Tiens, cette idée! On est toujours gênée un peu, au début... quand on est une honnête femme et qu'on a son premier amant. Mais je t'ai dressée!...

JULIETTE. — Oh! il n'y a pas que toi...

RUPERT. — Comment, il n'y a pas que moi ? Qu'est-ce que tu dis? Tu me trompes?

JULIETTE. — Stupide!... je dis : il n'y a pas que toi... parce qu'il y a aussi Emma! Ah! si tu savais tout ce qu'elle me raconte! Ah! elle était née pour avoir des amants, je te jure.

RUPERT. — Si elle était née pour ça, elle en aurait eu.

JULIETTE. — Pas sûr!... Mais elle a une imagination! Je ne sais pas si elle a déteint sur moi...

RUPERT. — C'est peut-être nous qui avons déteint sur elle!... Ça la monte, cette femme, d'être mêlée à nos amours. C'est très joli, tu sais! Nous sommes charmants tous les deux.

JULIETTE. — Fat!

RUPERT. — Puisque tu m'aimes, c'est que je suis charmant...

JULIETTE. — Ce n'est pas une raison... Il y a aussi le désœuvrement...

RUPERT. — Délicieux!

JULIETTE. — L'ennui!

RUPERT. — Exquis!... Tiens, tais-toi, tu me ferais de la peine.... Et puis, nous avons assez parlé... Dormons...

Il embrasse Juliette avec fougue, se penche vers elle.

JULIETTE. — Je ne peux plus dormir, tu m'as réveillée...

RUPERT, encore plus près. — Chérie...

Entre Emma Baïta hors d'elle-même.

Scène IV

LES MÊMES, EMMA

EMMA, pâle d'avoir couru. — C'est moi! Oui, excusez-moi d'arriver comme ça. Mais c'est très grave.

JULIETTE. — Quoi, très grave?

EMMA. — Saute de ce lit, rhabille-toi. Dans dix minutes, un quart d'heure au plus, vous serez découverts, cernés, pris comme des renards.

RUPERT. — Vous plaisantez?

EMMA. — Est-ce que j'en ai l'air?

JULIETTE, assise sur le lit. — Mais comment?

EMMA. — Saute dans ta robe, d'abord, au lieu de m'interroger, coiffe-toi... et essaye de te sauver... Tenez, vous entendez la chasse...

RUPERT. — Eh bien?

EMMA. — Je t'en supplie, Juliette...

JULIETTE, s'inquiétant. — Ecoute, vraiment, tu me fais peur...

EMMA, à Rupert. — Sortez-la de ce lit, je vous en conjure.

RUPERT, comprenant qu'elle ne plaisante pas. — Allez, mon petit, vite... Ça doit être sérieux, puisqu'elle le dit... Et puis, n'aie pas peur, ne t'affole pas.

JULIETTE, sautant à terre. — Facile à dire!

EMMA. — Allez, vite, vite...

RUPERT. — Mais qu'est-ce qu'il y a?

EMMA, aidant Juliette à se rhabiller. — Un grand danger! Je m'en allais doucement, en sortant d'ici. A un kilomètre environ, près de la maison du garde, j'ai rencontré deux bûcherons qui parlaient entre eux... Tiens, ton bas...

JULIETTE. — Mon corsage, vite... Où est-il?...

RUPERT, réparant son propre désordre. — Ne t'affole pas!... Alors?

EMMA, même jeu. — Je les ai entendus dire que la chasse avait changé son parcours, — toujours à peu près prévu, n'est-ce pas?...

RUPERT. — Pas toujours. Mais deviné. En tout cas, aucune raison pour venir par ici...

EMMA. — Oui. Eh bien, vous verrez dans cinq minutes. Ecoutez...

JULIETTE. — Mais c'est vrai... c'est vrai... Oh! mon Dieu...

RUPERT. — Oui, on entend très bien les cors de chasse...

EMMA. — Et même les abois des chiens...

JULIETTE, fébrile. — Ma jupe, là-bas, vite...

RUPERT. — Voilà.

EMMA. — Les bûcherons se basaient justement sur leur connaissance approfondie des échos de la forêt. Ils affirmaient — je les ai entendus — que la chasse se dirige au galop vers le pavillon.

RUPERT. — Mais pourquoi?

EMMA. — Pour vous surprendre, c'est sûr...

JULIETTE. — C'est épouvantable... Je ne peux pourtant pas me sauver sans être tout à fait en état d'être rencontrée... (Elle passe dans l'arrière-pièce.)

EMMA. — Il ne faut pas que tu sois rencontrée. (A Rupert.) Ecoutez-moi, vous, avec sang-froid. Mon angoisse se précise. Je me rappelle — et avec quel regret, mon Dieu, de n'y avoir pas prêté plus d'attention! — certaines paroles que j'ai entendues, ce matin même, dans la bouche de son mari. Je ne les avais pas du tout comprises, mais maintenant!... Ah! mon Dieu, quel malheur!

RUPERT. — Mais quelles paroles?

EMMA. — Il parlait à son notaire — nouvellement arrivé comme vous savez pour le mariage de René — et qui prend part à la chasse.. J'ai entendu vaguement : « Nous les aurons cet après-midi même... Le piège est sûr. » Je n'y ai prêté, je vous le répète, aucune attention et j'ai cru naturellement qu'il s'agissait de quelque discussion de chasse...

RUPERT. — Et alors?

EMMA. — Maintenant, je suis sûre, absolument sûre que M. de Grigan a des soupçons et qu'il veut déshonorer sa femme...

RUPERT. — C'est insensé! Mais il est certain qu'ils ne sont plus loin.

Rentre Juliette, elle est presque rhabillée, mais trop hâtivement, et pas recoiffée.

JULIETTE, fiévreuse. — Vite, vite, aide-moi.

EMMA, l'aidant de son mieux. — Et même ton aspect redevenu correct, ta seule présence ici est un scandale...

JULIETTE. — Je vais me jeter dans la forêt.

RUPERT. — Tous les environs sont de haute futaie, tu seras vue infailliblement... Mais, enfin, voyons, même avec des soupçons, il ne va pas faire irruption entouré de ses invités!

EMMA. — Je crois que si.

JULIETTE, affolée. — Et moi, j'en suis sûre. Je le connais. Elle a raison, il veut me salir par un scandale public.

RUPERT. — Mais lui?

JULIETTE. — Dans l'excès de son orgueil, il pense certainement que la meilleure façon d'être au-dessus du scandale est de le provoquer lui-même... Ne me tire pas les cheveux, Baïta... Passe-moi ma ceinture...

RUPERT, indigné. — C'est un goujat. Nous nous battrons.

EMMA. — Ça n'arrangera rien.

JULIETTE. — Et puis, il est redoutable, la sale bête! Attache ma chemisette... Oui, c'est bien cela, je me rappelle, un jour, il disait à propos d'un ami...

RUPERT, attachant la chemisette. — Qui?...

JULIETTE. — Léon de Gersault.

RUPERT. — Cocu?

JULIETTE. — Oui... Il a dit : « A sa place, j'attirerais ma gueuse de femme dans un piège facile, ce soir, au bal costumé... » Il y en avait un chez la marquise de Range... Et il n'aurait pas hésité. Il veût se débarrasser de moi, m'accabler... et pouvoir me chasser en claquant la porte...

RUPERT. — Mon petit, n'aie pas peur : tout va s'arranger... Et puis, je suis là...

JULIETTE. — Moi aussi, malheureusement!... Ah! la canaille! Si je suis prise dans un scandale, c'est fini pour moi. Et il le sait bien. Ah! le sauvage... Est-ce que je sors?

RUPERT. — Mais non, mais non. Entends les chevaux, les chiens, les voix. Ils ne sont pas à trois cents mètres...

EMMA, de la fenêtre. — Elle ne peut bouger d'ici sans être vue.

JULIETTE. — Ah! quoi faire?... Nous sommes pris comme des enfants. (Emma ferme la fenêtre.)

RUPERT. — Passe dans le cabinet de toilette. Je ferai tête s'ils viennent. Et ne bouge pas, surtout. Ne viens sous aucun prétexte.

Juliette et Emma Baïta entrent rapidement dans l'arrière-pièce. Tumulte extérieur. La chasse est autour du pavillon. On voit, par les vitres de la fenêtre, des silhouettes d'hommes, de chiens, de chevaux... Et la porte est secouée. On frappe. Georges de Rupert, sur lequel reste visible un certain désordre de toilette, va ouvrir en dissimulant son trouble. Entrent Paul de Grigan, trois autres chasseurs : de Mortec, de Langer, de Noisey, et deux piqueurs.

Scène V

RUPERT, PAUL, DE MORTEC, DE LANGER, DE NOISEY, DEUX PIQUEURS

RUPERT, aussitôt après avoir ouvert. — Voilà... voilà... Mais pourquoi ce bruit?... Qu'est-ce que ça veut dire?

PAUL, feignant l'étonnement. — Comment? C'est vous!

RUPERT. — Oui, c'est moi. Eh bien?

PAUL. — Ça, c'est trop fort. Vous aviez donc quitté la chasse?

RUPERT. — Sans doute, puisque je suis là.

PAUL. — Le cachottier! Mon cher, vous voyez nos amis aussi étonnés que moi.

Les amis de Paul, surpris, se regardent.

DE MORTEC, qui flaire le piège. — Mais, pardon, Paul, nous sommes en effet très étonnés...

DE LANGER, même jeu. — Qu'est-ce qui arrive? Vous nous faites perdre exprès la trace du cerf...

PAUL, ricanant, l'air soudain mauvais. — Du dix-cors, messieurs! Êtes-vous sûrs d'avoir perdu la trace?

DE MORTEC. — Et vous nous dites, vous nous criez en tout cas : « Venez... j'ai une collation servie dans un petit pavillon et quelque chose de si rare à vous montrer que cela vaut un hallali... »

PAUL, sûr de lui, redoutable. — Je le répète.

DE NOISEY. — J'ai l'impression que monsieur de Rupert nous trouve ici de trop.

DE LANGER. — Certes.

RUPERT, espérant s'en tirer par l'étonnement de ces galants hommes. — Je ne dis pas cela... Mais j'ai l'impression, moi, que Paul vous a attirés ici par surprise et que par conséquent...

PAUL, net, avec une violence froide. — Mais non. Quelle surprise? Il n'y a pas d'autre surprise que la mienne. Messieurs, vous êtes mes amis, j'imagine, avant d'être ceux de Rupert, qui n'est connu de vous que par ses livres et par moi? Si je vous ai conduits ici, c'est que j'ai de graves raisons, — dramatiques peut-être, vous le verrez. — Je vous demande de ne pas me laisser seul.

RUPERT. — Vous n'avez pas peur de moi, j'imagine?

PAUL. — Non. J'ai peur de moi. (Un temps. Tous les hommes présents se regardent, sentant le drame.) Dites, Rupert, c'est extravagant! Ce pavillon est à vous? Pourquoi ne me l'avez-vous jamais dit? Et qu'y faites-vous?

RUPERT. — J'y travaille. J'ai besoin, comme ceux qui écrivent, de solitude, de recueillement.

PAUL. — Tiens! Et qu'est-ce que vous y faites? Votre métier? Un roman?

RUPERT. — Paul, j'ai de la patience...

PAUL, les yeux fixés sur lui. — Moi aussi...

DE MORTEC, s'efforçant d'empêcher le choc. — Messieurs, je vous en prie. Tout cela est pénible. (Avec un reproche poli.) Paul, c'est incorrect.

PAUL, haussant le ton. — Il est incorrect, en effet, de quitter la chasse à laquelle un camarade vous invite, et de la quitter en se dissimulant.

RUPERT. — Messieurs, je vous prends à témoin que je suis chez moi. Les questions et le ton de M. de Grigan sont insupportables. Vous, vous n'avez rien à faire ici, Paul.

PAUL, qui semble devenir d'acier. — Je pense que si! Messieurs, vous le sentez, il y a brusquement ici une atmosphère de drame. Je vous en prie, ne manifestez aucun désir de partir, il pourrait en résulter — je me connais — un malheur plus grave qu'une explication que je ne juge pas, moi, incorrecte. (D'un ton rude.) Rupert, votre attitude est louche, vos explications fallacieuses. Vous n'êtes pas ici pour travailler. Vous y avez des rendez-vous. Je vous demande avec qui.

RUPERT. — Messieurs, comment voulez-vous que je réponde!... Vous perdez la tête, Paul!... Il y a dans votre interrogatoire extraordinaire... un soupçon qui n'est pas injurieux pour moi seulement.

PAUL, tranchant. — Ne vous occupez que de vous! S'il s'agit d'une autre personne, je m'en charge.

RUPERT. — Il ne s'agit de personne, vous divaguez.

PAUL. — Et vous, vous mentez.

RUPERT, faisant un pas rapide. — Paul, voulez-vous ma main...

PAUL, hautain. — S'il vous plaît... Moins de hardiesse! Crier à faux ne prouve rien. Montrez la femme que vous cachez.

RUPERT. — Vous êtes fou!

DE LANGER, s'efforçant de les ramener à la correction. — Messieurs!... Allons!... (Il passe entre eux.) Nous souffrons d'être ici. Mais nous sommes les amis de Paul. Si nous avons des reproches à lui faire, pour sa désinvolture à se servir de nous...

PAUL, vivement. — Il s'agit d'un combat, vous êtes mes témoins.

RUPERT, vivement. — Où sont les miens?

Un petit temps.

DE MORTEC. — C'est juste, Paul...

PAUL, furieux. — Assez de simagrées, pour le ciel! Il y a une femme ici. Il y a un lit défait. Il y a un homme mal rhabillé. Si vous n'êtes pas, Georges de Rupert, le dernier des ruffians...

RUPERT, la main levée se jetant vers lui. — Qu'est-ce que vous dites?

PAUL, le repoussant d'un geste plus solide. — Montrez cette femme!

RUPERT. — Il n'y a pas de femme...

PAUL, ricanant. — Vous ne vous en tirerez pas, Rupert?

DE MORTEC, prenant de l'autorité. — Paul!... Monsieur de Rupert, nous sommes navrés, gênés. Nous n'avons rien à faire ici, mais nous y sommes. Il semble, en effet, qu'un abîme se creuse. Voulez-vous nous permettre d'intervenir?

RUPERT. — Non.

EMMA, sur le pas de la porte. — Je vous permets, moi.

Elle vient d'apparaître. Elle a ses cheveux défaits sur ses épaules nues, un air d'emportement fiévreux.

Scène VI

LES MÊMES, PAUL

PAUL, stupéfait. — Madame Baïta...

DE MORTEC, indigné. — Paul, vous voyez! Oh!...

RUPERT, ayant par miracle gardé sa maîtrise. — Vous êtes un misérable, Paul. Voyez à quoi vous avez contraint madame Baïta!... (A Emma Baïta.) Pour vous, chère amie...

EMMA, avec une espèce de fièvre. — Oh! je t'en prie, ne te donne pas la peine de me dire : vous. Si je t'aime — car je t'aime, oui, je t'aime — cela ne regarde aucun de ceux qui sont ici, et je le crie. Oui, tu es mon amant, oui, tu es beau, oui, j'ai envie de tes caresses, et depuis longtemps. Et après? Quelqu'un trouve à redire? Rien ne m'importe! Oui, j'étais dans ce lit avec toi, et je m'y plaisais! Et maintenant, je vous en prie, laissez-nous tranquilles...

Elle a l'air d'avoir *Vénus tout entière...*

PAUL, médusé. — Madame Baïta!...

EMMA, avec une sorte de frénésie. — Quoi, madame Baïta! Madame Baïta? Ne répétez pas mon nom avec autant d'insolente stupéfaction! N'ai-je pas le droit à l'amour, comme tout le monde? (Elle est dans les bras de Georges de Rupert, s'agrafe à lui.) — Et pourquoi te défendais-tu? Pourquoi ne leur as-tu pas dit? Te croyaient-ils capable, un homme comme toi, d'avoir une autre maîtresse que celle, ardente et bonne, que je suis? (Elle perd pied, ne sait plus bien elle-même où elle s'arrêtera.) Je t'aime, je t'aime, je t'aime! Que m'importe ce qu'ils pensent. J'ai une joie farouche à te le crier devant eux! Est-ce qu'ils savent ce que c'est que l'amour? Est-ce qu'ils croient me gêner? Pourquoi ce beau garçon si tendre, si charmant, ne serait-il pas adoré de la femme — encore jeune après tout — que je ne cesse d'être auprès de lui?... Le scandale? (Le mot la frappe. Une ou deux secondes, elle reste comme suspendue sur l'abîme. Elle s'y précipite.) Le scandale! Que me fait le scandale! Oui, je l'aime, oui, ses baisers sont ce qui me paraît le plus précieux, le plus enviable, oui, une flamme est sur nous... et il la sent bien... (Avec exaltation, ayant tout oublié, ne parlant plus que pour lui.) N'est-ce pas? n'est-ce pas que tu sens, en cette minute, combien je te suis dévouée, combien tu m'es cher? Mon chéri, mon amant... mon amant!... Je t'adore! Je t'adore! M'avez-vous entendue. L'ai-je assez bien crié! Vous vouliez la connaître, sa maîtresse? Eh bien, vous la connaissez! C'est moi! C'est moi! C'est moi!

Elle se tait et les regarde dans une espèce de délire, accrochée à Georges de Rupert. Un temps.

RUPERT. — Je n'ai plus le droit de vous en vouloir, Paul. Je vous dois d'avoir ressenti là, devant vous, la plus grande émotion qu'un homme puisse ressentir... Je vous dois la minute la plus extraordinaire de ma vie...

EMMA, vivement, toujours dans ses bras. — Et Dieu sait pourtant que je t'en ai donné, hein?

PAUL, avec un mépris hautain et toute la gêne possible. — Je suis confus, Georges. Nous venons d'assister, mes amis et moi...

DE LANGER, à Paul de Grigan. — Oh! je vous en prie, Paul... Monsieur de Rupert, madame... nous avons été conduits ici, par surprise, à la suite d'un jaloux affolé — dont l'affolement est la seule excuse. — Paul, je ne voudrais pas être à votre place et avoir à exprimer vos regrets...

DE MORTEC. — Le mieux serait de s'en aller penauds (Il regarde Paul avec autorité.) et sans rien dire.

PAUL, enchanté et furieux, sur un ton d'excuses vaguement ironique, devant la porte. — Rupert, je suis à vos ordres, c'est le moins. Si vous tenez à m'offrir un coup d'épée, je le recevrai de grand cœur. Je ne l'ai pas volé. Mais... mes compliments... un tel amour... quel accent! Mes compliments.

RUPERT, immobile. — Paul!

PAUL, disant enfin, mais avec quel ton, le mot qui le étouffe. — Mes excuses...

Scène VII

RUPERT, EMMA, puis JULIETTE

RUPERT, il court à la porte, la referme et se retournant. — Emma! (Il s'arrête, se reprend.) Madame... (Il la regarde.) Vous!... J'ai une gratitude... (Il revient vers elle.) Je vous ai forcée... votre sacrifice...

Mais il s'interrompt et, à son tour, il étreint Emma Baïta et prend ses lèvres. Il a été gagné par la flamme.

EMMA, se dégageant avec une joie désespérée. — Non, non... plus... c'est fini... Mon Dieu... c'est fini pour jamais.

Les chasseurs ont dégagé le pavillon. On les entend jusqu'à la fin de l'acte s'éloigner dans la forêt. Entre Juliette. Son désordre n'est plus du tout visible.

JULIETTE, d'une voix changée. — Mes compliments!... (A Rupert.) Moi aussi, je vous les exprime... (A Emma.) Ah! quelle comédienne tu fais, toi...

RUPERT, mentant. — N'est-ce pas? Quelle spontanéité! Et quelle astuce victorieuse...

JULIETTE, hors d'elle et se contenant sous les sourires. — Oui, quelle astuce! Mais pas aujourd'hui! Et quand je dis : quelle comédienne... je ne fais pas allusion à la comédie d'à présent...

RUPERT, avec reproche. — Juliette, ç'aurait pu être un drame...

JULIETTE. — J'aurais peut-être préféré... (Elle ricane.) Ah! ah! je comprends qu'on l'ait crue sur parole! Quelle flamme! Je pars. Je vous laisse vous expliquer. Mais, n'est-ce pas, c'est fait? Plus besoin d'explications! Tu l'aimes! Tu l'adores! Il le sait.

RUPERT, avec émotion. — Juliette, elle vous a sauvée.

JULIETTE, sardonique, prenant son chapeau. — Oui, mais elle s'est payée.

EMMA, immobile. — Je n'ai rien fait exprès, Juliette... Et je me suis perdue.

JULIETTE, même jeu. — C'est bien le moins! Au revoir! Non, non, je vous en supplie. Je rentre au château, seule. Comment faire autrement, d'ailleurs? Après ce scandale, vous ne pouvez laisser Madame sans vous. Vous êtes affiché... mon pauvre ami! Adieu! Non, laissez-moi, je vous en prie. Adieu!

Elle sort.

Scène VIII

RUPERT, EMMA

RUPERT, sans bouger, après un temps. — Je comprends ce qu'elle fait. C'est fini. Nous sommes à jamais séparés, elle et moi.

EMMA, sincère, douloureuse. — Je vous en demande pardon de tout mon cœur.

RUPERT, dans un élan. — Il ne faut pas.

EMMA. — Si! (Il va vers elle.) Oh! non! non! Je vous en prie! Je vous en prie! Monsieur de Rupert, ce n'est pas vrai! Je vous jure que ce n'est pas vrai! Juliette croit que je n'ai pas menti! Mais j'ai menti, je vous jure que j'ai menti! Je ne vous aime pas, je ne vous aime pas... Je ne... peux pas... vous aimer!...

Un temps.

RUPERT, la regardant. — Que va-t-il vous arriver, mon amie?

EMMA. — Je ne sais pas! Ne vous occupez pas de ça! Ça ne vous regarde pas! (Elle fond en larmes.) Je ne vous aime pas! Je ne vous aime pas! Je ne vous aime pas!

Elle s'écroule à ses pieds et sanglote éperdument.

RIDEAU

ACTE IV

Le décor représente une auberge, assez prétentieusement ornée. Tables, fauteuils d'osier. Dans un coin, un piano et deux musiciens (violons). C'est moitié une salle et moitié une terrasse de restaurant. Du ciel. Au bas, une route ; on entendra les signaux d'une petite gare très proche ; le bruit d'un train.

Même jour que le troisième acte, vers six heures et demie, le soir.

Scène première

PAUL DE GRIGAN, DE MORTEC, DE NUYSEUX, DE LANGER

Ils boivent des cocktails, l'un d'eux assis sur la table.

PAUL, à Mortec, frappant sa botte de sa cravache. — Allons, cesse de récriminer. La prochaine chasse sera meilleure, et sans drame, ou sans comédie.

DE MORTEC. — Je l'espère. Depuis deux heures, tu jubiles! Tu as une gaieté de dragon de Villars — les vrais — pas ceux de Maillard, ceux du roi, ceux des dragonnades, ceux du meurtre...

Il rit.

DE NUYSEUX. — Tu ris, Mortec... mais je le connais : nous sommes passés à côté du fait-divers.

DE LANGER, ricanant. — Encore une tache de sang sur le blason...

PAUL, brutal. — Ça désaltère, le sang... (A un garçon.) Eh! hop là!! encore trois cocktails et au galop!... (A l'hôtelier.) Fais ressortir les chevaux. Nous nous attardons. Quelle heure?

L'HÔTELIER. — Sept heures, monsieur le marquis.

PAUL. — Tonnerre... A huit heures, il faut être étrillés, brossés, lustrés et en smoking...

L'HÔTELIER. — Oh ! le château de madame la duchesse n'est pas loin. En vingt minutes, sur vos belles bêtes...

DE LANGER, gaiement. — Ce veinard d'hôtelier! Il est au centre de tout. A un quart d'heure de la forêt. A vingt minutes de tous les châteaux. Au-dessus d'une petite gare, sur la route des autos...

PAUL, même jeu. — Aussi, tu vois, il tient une vraie maison de rendez-vous... Ah ! il sait s'y prendre. Il y a là-haut deux petits cabinets sur les sophas desquels, de temps en temps, j'ai renversé des jolies femmes.

Rires. Ils boivent leurs cocktails. Entrent deux femmes très élégantes, un homme, tenue d'auto.

DE MORTEC. — J'espère que tu n'étais pas marié ?...

PAUL. — Idiot ! Naturellement que si, j'étais marié !

DE LANGER. — Paillard et jaloux ? Un homme, quoi !

PAUL. — Blaguez-moi, allez, je le mérite. Ai-je été assez ridicule, tantôt?

DE MORTEC. — Oui. Et un peu indélicat.

PAUL, dressant l'oreille. — Comment?

DE MORTEC. — Dame!... Tu nous convies à une chasse et tu nous conduis, par surprise, à un flagrant délit... Procédé nouveau, — brevetable, sans doute.

DE NUYSEUX, buvant. — Tu aurais mérité que tes soupçons fussent vrais.

PAUL, il frappe sur la table, de sa cravache. — Ne riez pas. Je crois que j'aurais été plus loin que vous ne pensez. Si, dans ce pavillon, j'avais trouvé une autre femme que... l'Aïssaoua... j'avais, sur moi, ceci... (Il jette un revolver sur la table.) Je crois que je l'abattais... elle, et lui avec, peut-être...

DE LANGER. — Ah! ça, tu es complètement fou! C'est ça que tu avais combiné?

PAUL. — Non. D'abord, je n'étais pas sûr de trouver la marquise. J'avais des soupçons absurdes, dont je voulais me nettoyer, c'est tout... des soupçons qui me venaient d'avoir trop souvent trouvé Rupert avec ma femme et la Baïta. Ma parole, je sentais là-dessous quelque complicité... Mais à l'envers! Il y avait bien une confidente, — ça, j'en étais sûre, — mais c'était ma femme!

Il ricane.

DE MORTEC, riant. — Au fond, tu aimes mieux ça...

PAUL, faraud. — Je n'ai jamais cru véritablement le contraire. (Il se lève.) Mais, houp ! le nettoyage. Dehors, la dame des îles. Mauvaise fréquentation pour une bonne épouse. Dès demain... l'antiseptie.

DE LANGER. — Et le mariage avec son fils?

L'HÔTELIER, revenant. — Les chevaux sont prêts, messieurs.

PAUL, jetant un billet. — Tenez, payez-vous. Ah! oui, le mariage ? Ça, il est certain qu'il vaudrait mieux casser les reins à ces fiançailles-là. Mais dame! ma sœur est férue de ce jeune homme équatorial. Et puis, il y a mon oncle qui serait capable de l'adopter. Non. Je ne me sens pas de taille à faire rompre.

DE LANGER. — D'autant plus, n'est-ce pas, que nous ne savons rien... Nous n'avons rien vu. Le scandale est restreint et, comme il s'agit d'une femme...

PAUL. — Oui. Moi, je ne suis pas comme vous. Je suis plus sévère. Je le crierais sur les toits... Quand je pense que j'ai laissé la marquise côtoyer cette coucheuse...

DE MORTEC, moqueur. — Oui... qui couche avec un autre! Si c'était avec toi!

PAUL. — Elle ne me dirait rien, la Baïta!

DE MORTEC. — Elle n'est pas mal.

DE LANGER. — Non, non, elle n'est pas mal du tout. Elle est même très bien.

PAUL. — Eh bien, vous l'aurez !... Où Rupert a passé, passera bien... Vous l'aurez d'autant plus qu'on va l'écarter de l'horizon... On gardera le fils. Et on mettra la mère en liberté. Alors, avis aux amateurs... Je ne vous la disputerai pas. J'aimerais mieux cette grande blonde-là... (A l'hôtelier.) Eh pstt. là... Qui est cette dame?

L'HÔTELIER, obséquieux. — Je ne sais pas, monsieur le marquis. Elle est de la contrée. Je l'ai vue plusieurs fois.

PAUL. — Tâchez de le savoir. Je viendrai demain, à cheval. Vous me le direz.

De Langer, à de Mortec. — Voilà. Il tuerait sa femme; et, à chaque tournant de route, il la trompe.

De Mortec. — C'est un vrai mari catholique...

Paul. — Vous venez...

De Mortec. — Oui, nous venons.

Paul, sortant et regardant encore la grande femme blonde. — Dommage qu'il faille rentrer. La belle fille!

Ils sortent.

L'Hôtelier. — Allumez les globes.

Le violoniste, le violoncelliste et la pianiste commencent à jouer.

La Femme blonde, à l'hôtelier. — Quels sont ces chasseurs? Le grand?

L'Hôtelier. — C'est M. le marquis de Grigan, madame. (*Les deux autres personnes ont commencé à danser sur le fox-trott qu'on joue.*) De ma terrasse, on voit le château. Fortune énorme. Il chasse toutes les semaines. Seulement, d'habitude, quand il y a chasse, il ne passe par cette route qu'au départ. Il a dû y avoir quelque chose de dérangé... Ah! au fait, si madame permet... (*Il s'éloigne. Le soir tombe rapidement. L'atmosphère est musicale et fleurie. Au garçon.*) On a téléphoné tout à l'heure? Ce monsieur qui a demandé une voiture et qu'on envoie quelqu'un chercher son cheval.

Le Garçon. — Oui, on a envoyé. D'ailleurs, voici la voiture. Il a demandé aussi qu'on prépare à dîner.

L'Hôtelier. — C'est fait?

Le Garçon. — Oui. Ici ou en cabinet?

L'Hôtelier. — Je ne sais pas... On va lui demander.

Il se hâte vers le fond. Arrivent Rupert et Emma Baita. Rupert est empressé, fébrile; on la devine, elle, bouleversée.

Scène II

L'HOTELIER, LE GARÇON, RUPERT, EMMA

L'Hôtelier. — Par ici, monsieur, par ici, madame... Un cabinet? Non; d'ailleurs, il y a peu de monde et sur la terrasse on est chez soi... On domine et on n'est pas vu!... Ah! c'est ce qu'il faut... (*Signe aux musiciens.*) C'est pour dîner?

Rupert. — Oui, pour dîner...

L'Hôtelier. — Œufs à la coque? Truites du lac? Poulardeau chambertin? Fraises à la crème?

Rupert. — Oui, c'est cela.

L'Hôtelier. — Vin du pays?

Rupert. — Faites pour le mieux. Soignez-nous et empressez-vous sans trop parler.

L'Hôtelier. — Entendu, monsieur... (*A un des garçons.*) Fleurs, seaux à glace... Allons, l'orchestre...

Le petit orchestre, en sourdine, commence à jouer.

L'Hôtelier, à part, s'éloignant. — Ceux-là, il n'y a pas longtemps qu'ils sont ensemble, — ou alors, c'est pour une rupture.

Le Garçon, à l'hôtelier. — Vous reconnaissez, patron? Mais si, ils sont déjà venus une fois, à l'heure du thé... avec une autre dame... une toute jeune...

L'Hôtelier. — Est-ce que tu crois que je suis aveugle? Comment est-ce qu'elle était, la toute jeune?

Le Garçon. — Insignifiante. Elle riait tout le temps.

L'Hôtelier. — Oui? Eh bien, ce soir, elle manquera.

Le Garçon. — Pas à moi. Je n'aime pas les femmes qui rient...

L'Hôtelier. — Avec celle-là, tu seras servi... Allez, dépêche-toi... Et allume les globes...

Rupert. — Vous n'avez pas froid?

Emma. — Non, merci. Pas froid... Les mains glacées, mais pas froid... Aucune sensation, vraiment. Aucune. Je ne sais pas si je suis vivante.

Rupert. — Vous êtes vivante. Et si belle! Je ne vous avais jamais vue, jamais regardée! Vous êtes vivante, et peut-être la seule vivante de toutes les femmes! Vivante comme le mystère, comme le secret, comme l'amour...

Emma, pour elle. — Malheureuse...

Rupert. — Ne dites pas : malheureuse! Vous ne savez pas ce qui commence! Ecoutez-moi bien : vous portiez en vous l'Amour! Il y a eu tout à l'heure, dans ce pavillon, une délivrance miraculeuse. C'est notre bonheur qui est né.

Emma, frissonnante. — Taisez-vous.

Rupert. — Pourquoi me taire? Est-ce que nous ne sommes pas là, ensemble... Est-ce que nous n'y sommes pas de notre plein gré?

Emma. — Non.

Rupert. — Si. Juliette même, qui nous avait quittés tout irritée, Juliette nous l'a dit quand, dans la forêt, nous l'avons rejointe.

Emma, regardant en face d'elle. — Cette petite âme... comme, tout d'un coup, elle s'est ressaisie!...

Rupert. — Elle a compris. Elle et moi, qu'est-ce que nous étions? Deux apparences du désir, pas autre chose. Le seul amour présent, c'était le vôtre, caché. Et la poupée charmante dont je croyais être l'amant, la jolie petite femme du monde, sauvée par vous, et après laquelle vous m'avez forcé à courir, a été, elle-même, transformée. Sa première jalousie, naturelle, s'est éteinte. Votre frémissement lui a fait connaître qu'elle est impassible. Elle vous l'a dit tout à l'heure. Je l'entends encore : « C'est toi, sa vraie maîtresse, ce n'est pas moi... Restez ensemble. » Et elle a fui vers le château. A l'heure même où nous sommes, où est-elle? Qu'est-ce qu'elle a fait? Elle se pare pour le dîner. Elle écoutera, souriante, le récit que son mari berné lui fera de l'aventure. Et, soyez-en sûre, elle ne pense plus qu'à la peur qu'elle a eue, au fait qu'elle est sauvée...

Emma, frémissante. — Sauvée!...

Rupert. — Oui, sauvée! Tandis que vous...

Emma. — Tandis que moi... Qu'est-ce que je peux faire maintenant?... Disparaître! Voilà ce qu'il faut: disparaître!

Rupert, souriant. — C'est bien mon avis.

Ils se taisent un moment, car on commence à les servir.

Emma. — Mon fils!...

Elle semble soudain regarder loin, loin.

Rupert. — Ne dites pas : mon fils... d'un air tragique. Je vous assure qu'il y a dans tout ceci quelque chose qui est juste, bon, heureux. Mais oui, heureux. Je discerne une fatalité bienfaisante sur nous deux. Tenez, l'absence même de René... Il ne saura rien. Mais non... Nous avons affaire à des gens d'honneur. Le mariage conclu ne sera pas même retardé. La Fourcade est votre ami; la petite Antoinette ne renoncera pas à son fiancé... On exigera votre exil?... Je dis : Tant mieux! Vous serez à moi. Vous êtes à moi.

Emma. — Mon exil!... Il est commencé déjà. Je n'ai pas osé retourner au château. Je suis là, sans rien. Demain, j'enverrai prendre mes affaires... Et puis... et puis ce sera la fin...

RUPERT. — Le commencement! Vous êtes belle! Vous êtes admirable et je vous aime. Ne frissonnez pas. N'ayez pas cet air triste. Tenez, une seconde, oubliez ce qui vient de se passer... Voyez la minute simplement... la minute présente... Est-ce qu'il ne fait pas beau? Est-ce que cette musique banale n'est pas charmante? Est-ce que nous ne sommes pas seuls? Est-ce que nous ne sommes pas des amants?

EMMA, avec l'effroi du gouffre qui attire. — Malheureuse...

RUPERT. — Nous sommes et nous serons des amants, et voilà tout... Tenez, tenez, je vous prends dans mes bras, je vous dis à l'oreille, tout bas : « Je t'aime. » Osez me répondre : « Je ne t'aime pas. »

EMMA, avec douleur. — Je ne peux pas répondre cela.

RUPERT. — Vous voyez bien. Je vous dis : tout s'arrange! Mais, depuis deux mois, l'atmosphère si chaude dans laquelle je vis, c'est votre ardeur, la vôtre, qui l'a créée. Tenez, je vais être égoïste : je suis heureux! Une grande joie est en moi. Je vis seul, je suis riche, presque célèbre et, vraiment, sans attache au monde. Jusqu'ici, je n'ai eu que des apparences. Je n'ai jamais possédé ma vraie maîtresse, celle qui sera l'animatrice, le réconfort, le refuge, la sauvegarde... Vous êtes tout cela... J'en ai eu la révélation Je vous ai trouvée, je vous garde... C'est une vie nouvelle qui commence... Vous aussi, vous êtes seule, libre. Nous allons voyager! Nous sommes exilés d'une famille, mais nous avons toute la terre... (Elle se lève presque titubante; le soir est doux, lumineux ; les tziganes jouent en sourdine ; de gros insectes titubent autour des lampes, des fleurs et des fruits.) Qu'est-ce que vous avez?

EMMA, à mi-voix, debout, bouleversée, lente. — Je suis heureuse. Rien de tout cela n'est vrai; rien de tout cela n'est possible. C'est un mensonge qui tournoie autour de moi. Mais je suis heureuse, si heureuse que je voudrais tout de suite... disparaître!

RUPERT, la prenant dans ses bras. — Chut! Je voudrais que vous lisiez en moi comme dans un livre, comme vous lirez dans tous ceux que j'écrirai près de vous... J'ai tout d'un coup la sincérité d'un enfant... C'est une histoire merveilleuse que la nôtre... Tout s'est écarté pour nous laisser seuls... Je vous trouve belle, je vous désire. Vous avez le goût chaud d'un fruit et il y a tant d'âme dans vos yeux... Regardez-moi...

EMMA, avec une ardeur tremblante. — Je vous regarde... mon amour!... Ah! c'est vrai que je vous aime... Aujourd'hui, je vous l'ai crié, devant des étrangers, sans du tout savoir ce que je faisais... et avec une âpreté de folie, sans pudeur, sans crainte... et tant de gens nous regardaient!... Maintenant, nous sommes seuls... Vos yeux se fixent sur moi... et je suis plus tremblante que lorsque j'ai aimé et que j'avais seize ans... Je ne pourrais pas faire un mouvement vers vous, ni un mouvement en arrière... Je vous aime... je vous aime... je suis honteuse de vous aimer... je suis désespérée que vous sachiez que je vous aime... et il me semble que si je ne vous le disais pas, je vous volerais du plus grand don qu'aucune femme ne vous ait fait... Je vous aime!

RUPERT, dans une grande joie. — Prodigue! Admirable prodigue de vous-même! Quel homme a jamais rencontré plus magnifique aumône! Je suis enrichi depuis que je te connais! Et ne soyez pas timide; n'apportez pas la joie, humblement! Nous allons être heureux, très, très, très heureux. Nous le sommes. C'est commencé. Ça y est... Ah! folle, folle, qui n'as pas parlé plus tôt!

EMMA, semblant voir plus loin. — Folle! Folle, plutôt, qui n'a pas eu peur de se pencher sur l'aventure comme sur un miroir au fond duquel, cependant, elle savait quel dieu terrible la regardait... Folle, qui a cru jouer avec la flamme, l'attiser et rester inconnue, invisible comme le vent...

RUPERT, la câlinant. — Et fou, fou, qui, depuis trois mois, comblé de tous les cadeaux, en remerciait, dévotement, une autre que celle qui les faisait... Il y a parfois des êtres de génie, de grands créateurs de chefs-d'œuvre, qui fournissent, dans l'ombre, les faiseurs à la mode! Ainsi, vous, C'est vous qui écriviez le poème, et c'est elle qui le signait... Vous étiez l'ombre plus magnifique que la forme...

EMMA. — Oui... j'étais tout cela... et c'est justement le malheur que je ne le sois plus. Personne ne connaissait ma bonne faute, mon péché secret. J'en veux à la vie qui m'a dénoncée.

RUPERT. — Ne lui en veuillez pas. Elle se venge, avec tendresse, de votre méfiance à son égard. Elle vous apporte toutes ses roses quand vous avez toujours de si jolies mains pour les saisir, un si beau visage pour les respirer...

EMMA, avec angoisse. — Croyez-vous?

RUPERT, souriant. — Je vous dis que vous êtes désormais, pour moi, la plus belle de toutes les femmes... la plus désirable...

Il la saisit et prend ses lèvres.

EMMA. — Mon amour... Je crois que vous ne mentez pas. (Elle le regarde.) Je crois vous avoir atteint, sans vous viser. Peut-être est-ce bien? Peut-être, en effet, est-ce le bonheur?

RUPERT. — C'est le bonheur! Un homme comme moi habitué aux liaisons... légères des femmes des autres... j'arrive à être sentimentalement repu et insatisfait. Tandis qu'avec vous... Nous allons partir, errer dans le monde, voir les spectacles de l'art, de la nature. Nous avons l'Orient, l'Amérique, tout. Je tournais dans ma cage parisienne. Vous venez, brûlante; vous incendiez les barreaux et nous partons... Le beau voyage! Vous me suivez?

EMMA, s'exaltant. — ... Oui... oui... je vous suis !... je vous suis... c'est décidé... c'est fait... je vous suis... J'étais là, immobile, depuis tant d'années... Je vous attendais, pour vous suivre quand vous passeriez.

RUPERT, souriant. — Eh bien : me voilà! En route !...

Dans le soir, les tziganes s'étant arrêtés depuis quelques minutes... on entend le timbre-signal d'une petite gare, en bas... et on entend une trompe d'auto et une auto stoppe sur la route.

RUPERT, à mi-voix. — C'est l'auto du château...

EMMA, saisie. — Qu'est-ce que vous dites?

RUPERT, même jeu. — Je suis sûr. Tenez, voyez, c'est La Fourcade, Roger et la petite de Grigan... Ils descendent. Oh! mais, ils viennent. (A l'hôtelier.) Psstt...

Emma Baita a saisi précipitamment son sac, ses gants.

RUPERT, à l'hôtelier. — Il y a un cabinet libre... Ouvrez-le vite... Nous ne voulons pas être vus... Vite, vite, venez.

EMMA. — Voilà...

Ils se hâtent et sortent à droite, vers un appartement.

Entrent La Fourcade, Antoinette, Roger.

Scène III

LA FOURCADE, ANTOINETTE, ROGER

L'HÔTELIER. — Pour dîner, messieurs?

LA FOURCADE, gaiement. — Non, non, du tout. Nous venons chercher quelqu'un à la gare...

L'HÔTELIER. — Le train arrive dans dix minutes. Mademoiselle et ces messieurs ont le temps de prendre un porto. Ou un cocktail?

ROGER, important. — Cocktails! Cocktails! Et secs, hein?

ANTOINETTE, riant. — Sec! Sec! pas pour moi!

ROGER. — Laisse donc! Pour recevoir ton fiancé!

ANTOINETTE. — C'est gentil, hein, mon oncle : un fiancé parti pour trois jours et qui revient au bout de quarante-huit heures...

ROGER. — Oui, mais un peu plus on ne le savait pas! Tu as vu cette dépêche qui arrive juste comme on allait se mettre à table!...

LA FOURCADE. — Pauvre gosse... Il aurait dû faire les quatre kilomètres à pied... Heureusement que moi, bonne vieille poire d'oncle, j'ai pris vite la décision. Hop, au volant!...

ANTOINETTE, rieuse. — Personne ne nous a vus partir. On va nous chercher. La cloche du dîner était sonnée déjà.

LA FOURCADE, gaiement et buvant son cocktail. — Eh bien, on nous cherchera... On croira à un suicide collectif et que nous sommes dans l'étang!

ROGER. — Nous avons tout le temps de ressusciter. Paul et ses invités rentraient à peine et le temps qu'ils mettent bas l'habit rouge...

Le timbre de la gare se fait entendre encore.

ANTOINETTE. — Nous serons revenus sans qu'on sache que nous sommes partis... Vite, mon oncle, venez... le train est annoncé.

ROGER. — Regarde-la... Elle piaffe!... Ah! l'amour...

ANTOINETTE. — Viens, viens...

ROGER, en viveur. — C'est moi qui paye, mon oncle, ou vous?

LA FOURCADE, riant. — Veux-tu filer... gamin! Je vous rejoins!

Antoinette et Roger sortent. La Fourcade, après avoir payé, va les suivre. Mais Emma Baita se montre à lui.

Scène IV

EMMA, LA FOURCADE

LA FOURCADE, avec un étonnement qui naît de son aspect. — Vous?... Ah! par exemple!... Qu'est-ce que vous faites là?

EMMA, avec une immense émotion, lente. — Chut... La Fourcade, mon vieil ami, il se passe dans ma vie... une chose terrible... admirable, peut-être... mais terrible... Je dois vous dire adieu... à vous. Je pars.

LA FOURCADE. — Quoi?... Ah! ça, mais...

EMMA. — Vous me regardez stupéfait... Oui, je pars.

LA FOURCADE. — Où?

EMMA. — Je ne sais pas.

Un petit temps.

LA FOURCADE. — Avec qui?

EMMA. — Avec un homme que j'aime et qui m'aime... Avec M. de Rupert.

LA FOURCADE, sans grande intonation. — L'amant de Juliette!... A votre tour, vous êtes stupéfaite. Oui, je sais, moi. Et si je vous le dis, c'est que je sais que vous savez...

EMMA. — Ecoutez-moi. Les instants sont courts. Juliette a failli être surprise. Je me suis substituée à elle... Et alors j'ai compris — et Juliette et Rupert ont compris en même temps que moi — que dans toute cette histoire d'amour... Juliette... grâce au ciel, n'avait pas grand'chose à faire. Je pars avec M. de Rupert... Voilà. Ne soyez pas sévère. Je vous confie mon fils. Ce n'est pas ma faute... la Vie... Qu'est-ce que vous dites?

LA FOURCADE, la regardant, très calme. — Rien. Que voulez-vous que je dise? Rupert est un parfait galant homme... Vous et lui, vous êtes libres...

EMMA. — De la rancune?

LA FOURCADE. — Oh! pas la moindre...

EMMA. — Croyez-vous que je puisse être heureuse?

LA FOURCADE, sincère. — Je le crois.

EMMA. — Alors?...

LA FOURCADE. — Alors... partez... Et puis, Rupert vous épousera...

EMMA. — Peut-être, oui... je ne sais pas... Mais, voyez-vous, depuis quelque temps, je ne suis plus la même... Je sens en moi tous les réveils!... (Elle répète, en s'en grisant, tout ce que Rupert lui a dit.) Alors, nous allons voyager. Je suis belle, j'ai de l'amour, une âme, des sens... Je suis une femme depuis trop longtemps inutile... Je vais vivre... Nous avons des projets! Il travaillera auprès de moi. Je le servirai... J'organiserai son bonheur et je tâcherai de faire le mien... J'ai beaucoup d'espoir, de certitude... Déjà je me sens transformée... Je vous le dis... à vous! Et maintenant... adieu...

LA FOURCADE, avec une petite inclinaison de la tête. — Non, pas adieu... Nous nous reverrons... plus tard... Où est Rupert?

EMMA. — Il est là. Il m'attend.

LA FOURCADE. — Ah!... Eh bien, allez...

EMMA, lente. — Voilà... au revoir... Prenez bien soin de mon petit... Au revoir... (Et soudain, comme il lui a pris la main, elle chancelle, elle a un cri, elle s'accroche à lui désespérément, elle a une voix qui appelle, une voix cassée de larmes.) La Fourcade... La Fourcade... sauvez-moi... La Fourcade, ne me laissez pas... Je suis perdue... C'est un suicide... Je suis perdue... Sauvez-moi! Sauvez-moi!

Elle tremble de la tête aux pieds.

LA FOURCADE, simple et bouleversé. — Qu'est-ce qu'il faut faire?

EMMA, même jeu, comme suppliant. — Sauvez-moi... Je sens le gouffre, là, ouvert... Retenez-moi! Retenez-moi! La minute est terrible!... Vous m'avez connue toute petite... toute jeune... et maintenant je suis vieille... oui, oui, vieille... Ne protestez pas... Pas pour vous... mais pour lui!... Vieille!... J'ai neuf années de plus que celui qui m'appelle! Je serai heureuse, très heureuse, quelques mois... un an... deux ans, peut-être... et puis ce sera le commencement de la déchéance... de l'agonie... la vieille maîtresse... Non, non... sauvez-moi... Tenez, La Fourcade, le train... vous entendez... mon fils qui arrive!... Humblement, je vous demande : offrez-moi ce qu'un soir vous m'avez offert... votre nom, votre appui, votre raison... Sauvez-moi... sauvez-moi... sauvez-moi...

Elle sanglote.

LA FOURCADE, la saisissant dans ses bras, tendre et brutal. — Ma pauvre petite ! Vous avez raison ! Allons, venez là... Vous êtes une brave femme... Venez là...

Entre Rupert.

Scène V

LES MÊMES, RUPERT

RUPERT, les regardant. — Mais qu'est-ce qui se passe ? M'expliquerez-vous, La Fourcade ?

LA FOURCADE, très, très simple. — Il ne se passe rien, mon vieux, rien du tout. Vous savez ma vieille affection pour Emma. Je viens de lui redemander sa main. Elle me l'a accordée. Voilà tout.

Un grand temps.

RUPERT, à Emma. — Est-ce vrai ?

EMMA. — C'est vrai... Vous voyez, je pleure... devant celui auquel je remets le soin de me guérir... Vous n'aurez pas beaucoup de peine à m'oublier... Nous nous sommes rencontrés trop tard... Adieu...

RUPERT, articulant à peine. — J'ai beaucoup de regret, beaucoup... Que votre volonté soit faite... Mais qu'est-ce qu'on va dire au château ?

LA FOURCADE, souriant avec maîtrise pour cacher son trouble. — On ne dira rien. Que voulez-vous qu'on dise ? Mme Baïta me fait l'honneur d'accepter mon nom. J'adopterai son fils. Mon neveu pensera que je suis cocu. Je m'en consolerai en pensant qu'il ne l'a jamais été. Voilà...

RUPERT, s'inclinant. — Je ne retournerai pas au château. Je ferai prendre mes affaires par des serviteurs. Adieu, madame. Il vous garde. Mais je vous emporte. Nous aurons, tout de même, eu une heure...

LA FOURCADE, avec grandeur. — Elle m'en parlera. Et je tâcherai de l'en guérir... avec l'aide de son fils, qui monte le jardin...

EMMA, avec le dernier don de sa voix. — Adieu, monsieur de Rupert. Il ne faut pas m'en vouloir... Vous êtes jeune, charmant... Adieu... Soyez heureux...

RUPERT, la regardant. — J'ai peur, madame, qu'il soit trop tard. Adieu...

Il lui baise la main. Elle s'éloigne vers le fond avec La Fourcade. On entend dans le silence de la nuit le train qui se remet en marche.

RIDEAU

pittoresque et originale, il en a très adroitement fouillé certaines parties : prise en soi, elle est nuancée, composée, établie avec une sûreté, une netteté véritablement supérieures; pourtant, il jette cette créature dans une aventure vieille comme les chemins, où elle ne parvient pas à créer de la vraie humanité : l'auteur a gaspillé cette force dramatique dans des péripéties romanesques trop souvent exploitées...

« Mais comme M. Frondaie est un auteur dramatique, un vrai, il a cependant tiré d'une situation périmée un effet neuf et saisissant : l'aveu de Baïta, la confession qu'elle n'avait jamais osée en face de l'homme qu'elle aime, et ceci est du théâtre excellent. »

M. Edmond Sée, dans une consciencieuse étude que publie *l'Europe Nouvelle*, essaie, lui, de définir la personnalité dramatique de M. Frondaie. Il rappelle ses débuts avec des volumes de vers pleins de morceaux savoureux, puis ses remarquables adaptations en prose de romans célèbres, enfin ses comédies, ses drames originaux :

« Ces ouvrages témoignent avant tout d'un incontestable, d'un éclatant métier... Mais M. Pierre Frondaie ne veut pas qu'on le loue seulement pour son savoir-faire, et entend mériter d'autres éloges, et d'une autre classe, s'affirmer comme un analyste pénétrant du cœur humain et comme un éloquent poète de l'amour.

« Or, une certaine critique s'obstine sinon à refuser, du moins à marchander de tels éloges. Elle ne veut voir en M. Frondaie qu'un adroit constructeur, et demeure sceptique devant le psychologue, le poète dramatique qu'il prétend être. De là, chez M. Frondaie, un peu d'irritation, d'amertume même : et je les conçois fort bien. Il est certain que les efforts renouvelés de l'écrivain pour nous émouvoir, nous exalter littérairement et humainement, que ces efforts, dis-je, tout à fait honorables et souvent touchants, portent parfois leurs fruits. Il y a dans *Blanche Câline* des scènes d'une grâce, d'une pénétration exquises. Le deuxième acte de *l'Appassionata* (celui qui se joue dans la loge d'une célèbre actrice italienne) est, d'un bout à l'autre, d'une humanité hardie, souple, et très générale en même temps; enfin, dans la première partie du *Reflet*, certains dialogues égalent ceux de nos plus subtils psychologues de théâtre. Par malheur, les ouvrages de M. Frondaie manquent d'unité, de cohésion. Le ton ne s'y maintient pas égal. Après une scène juste, aiguë, finement graduée et nuancée, éclate souvent une scène inutilement violente, agressivement brutale (la brutalité, ce n'est pas de la force) ou laborieusement lyrique qui étonne et détonne... Et cela nous vaut d'écouter des œuvres tour à tour infiniment attrayantes, émouvantes et même hardies, et puis soudain baroques, décevantes, outrancières ! »

Et, en ce qui concerne plus précisément *le Reflet*, M. Edmond Sée indique les jolies qualités de la partie psychologique où l'auteur, dit-il, étudie non sans finesse les nuances, les variations d'une âme féminine et l'arbitraire du drame, brusque et violent...

M. Edmond Sée ne savait pas, à ce moment, que le troisième acte avait, aux répétitions, avec, sans doute, le consentement tacite, mais pourtant contre le gré de l'auteur, subi des coupures importantes. D'où il résulta que les sentiments parurent se succéder d'une façon un peu rapide et arbitraire. M. André Beaunier, entre autres, en fit, comme M. Edmond Sée, la remarque, alors qu'une lecture complète de l'acte, tel que nous le donnons ici, prouve qu'il ne le cède pas aux deux premiers, en vérité intérieure.

M. Pierre Brisson relève d'abord, dans *le Temps*, les qualités de M. Pierre Frondaie en qui il voit incontestablement un véritable homme de théâtre :

« Il a le sens de l'action pathétique, et aussi cette science du développement et de la mise en place qui s'acquiert par la pratique du métier. Il n'ignore plus rien des ressources de son art. En ce qui concerne les réactions du cœur féminin, l'auteur de *Montmartre* est psychologue avisé, observateur lucide. Fidèle à la grande tradition des dramaturges français, il s'est voué à l'étude de l'amour-passion. Maître de son sujet, il s'y meut à l'aise. Il possède en outre des dons de poète : la richesse verbale, le lyrisme abondant et sonore. Il joue de la métaphore avec facilité. Il a de la fougue, du souffle, de l'élan et une certaine puissance... »

Mais aussi, ajouta M. Pierre Brisson, on sent en lui l'affectation, l'effort, et son plus grave travers concerne l'écriture du dialogue :

« Ne résistant point à sa facilité poétique, l'auteur enchâsse ses observations psychologiques dans des couplets soigneusement ciselés, artistement nuancés, qui se développent et se balancent suivant un rythme savant... M. Frondaie ne parle pas un langage vivant. »

Piqué surtout par ce dernier reproche, M. Pierre Frondaie répondit par une lettre que M. Brisson incorpora dans son feuilleton suivant et qui doit trouver place ici, car elle a l'importance d'une profession de foi littéraire :

« Mon cher confrère,

« Vous me décernez beaucoup d'éloges et quelques blâmes. Je serais tenté de répéter les premiers, puisque je reproduirai les seconds. Mais je résiste à la tentation et j'arrive tout de suite aux querelles. Vous me reprochez de vouloir « faire grand », « faire profond ». Vous ajoutez : « Comme il a du talent... il réussit parfois, mais en partie seulement. » Vous me reprochez aussi de ne pas prêter à mes personnages un langage naturel. Après les éloges caressants du début, je peux supporter sans plainte ces coups d'un bâton que vous avez eu le soin de fleurir. Aussi vous

ACTE II. — Scène IX (page 17) : Emma Baïta et Roger de Grigan.

remercierais-je sans riposte, si je n'avais une affirmation à apporter :

« *C'est par souci de réaction que j'écris ainsi. Et je crois que cette réaction conduit au progrès.*

« J'ai le soin, dans tout mon théâtre, de transposer, pour chaque cas particulier, le langage parlé. J'ai l'horreur, le dégoût du dialogue sans beautés, sans souci plastique, sans images. La richesse verbale me semble une vertu. Je me reproche, tout au contraire, de n'être, par paresse, ni assez riche, ni assez vertueux. C'est la mode de l'année, tout devient vulgaire... L'un de nos confrères, l'un des esprits les plus brillants et les plus ornés que je sache, a donné cet hiver une très heureuse comédie, récompensée par un grand succès. Que trouve-t-on dans le dialogue ? Ceci : « Il n'a pas de mouchoir. » Qu'il se mouche dans les rideaux... » Et plus loin : « Je file. Tu lui diras » que j'ai été aux cabinets. »

« C'est un mari qui parle à sa femme! Qu'un aristocrate des lettres, un maître de la comédie moderne, en arrive à s'exprimer ainsi, que, plus loin, son héros dise tout ce qu'il pense en cinq lettres et que le public ne réagisse pas, cela me paraît détestable.

« Je préfère qu'une femme en détresse, l'héroïne du *Reflet*, déposant son orgueil et se sentant touchée par la douleur d'aimer, s'exprime ainsi :

« Oui, ma pauvre Baïta... S'en » aller, dans la vie, comme une guer» rière, avec une cuirasse, et s'aperce» voir trop tard que les blessures » viennent du dedans... »

» Pyrrhus se lamentait :

Brûlé de plus de feux que je n'en allumai.

» Et Néron menaçait :

J'entendrai des regards que vous croirez muets.

« Est-ce excellent ? Est-ce haïssable? Les contemporains de Racine ne sont pas d'accord sur ce point, et non plus la postérité. N'allez pas sourire et me croire pris de vertige. Je sais dans quel vallon je suis, mais on ne regarde jamais trop vers les sommets. Il arrive qu'en se hissant vers eux — ce sont les périls de l'ascension — on soit, de temps en temps, en posture dangereuse. Mais, avec un cœur ferme, on passe la crevasse, et si l'on chancelle, on tombe de haut.

« Excusez-moi de penser avoir raison. Rostand, dans *Chantecler*, fit s'indigner un vieux chien français :

[illegible]

« Je défends le vocabulaire! Bien ou mal ? Cela, mon cher ami, chacun l'ignore, vous comme moi. Ce sont les seules années qui nous répondront. Qui sait si l'avenir nous fera sable ou marbre ? »

M. Henry Bidou de son côté ne fut jamais tendre pour l'auteur du *Reflet*; il n'aime pas son théâtre, il ne peut le supporter; il ne l'avait jamais dissimulé, mais cette fois il l'avoue avec une franchise assez brutale, ce qui lui vaut naturellement une riposte de M. Frondaie sous forme d'épître aux lecteurs du *Journal des Débats* — chronique et réplique trop longues pour être, même en résumé, reproduites ici.

M. Fernand Gregh (*Comœdia*) estime qu'il y a deux choses dans la nouvelle pièce de M. Pierre Frondaie : une étude de femme de quarante ans, et une aventure et que M. Frondaie a montré une fois de plus, à travers le dramaturge qu'il a toujours été, le psychologue de cas nobles et douloureux qu'il devient de plus en plus.

Dans la revue théâtrale *la Rampe*, M. Pierre Bonardi observe que les bonnes pièces ne sont pas si nombreuses :

« Or — dit-il — la pièce de M. Pierre Frondaie est une *très bonne* pièce. Elle vaut par son sujet autant que par son développement. »

***

Sur un seul personnage, nous a dit l'auteur, toute la lumière de l'œuvre a été projetée : ce personnage a eu pour interprète une fine et très sensible artiste, Mme Jeanne Rolly, qui a fait vivre pour nous, dans toute sa douloureuse ardeur, la passion d'Emma Baïta.

A l'une des dernières représentations du *Reflet*, l'illustre artiste italienne Duse, sortie de sa longue retraite et de passage à Paris, vint un soir au Théâtre Fémina. Elle applaudit sa jeune camarade, apprécia grandement la pièce et souhaita de la jouer. Ce qui explique la dédicace de M. Pierre Frondaie en tête de ces pages. Mais quelqu'un... ou plutôt quelques-uns vinrent troubler ce projet. Avec cette autorité insurrectionnelle qui s'est, au delà des Alpes, substituée çà et là à l'autorité légale, un groupe de fascistes fit connaître sa résolution d'empêcher, par la plus violente obstruction, la Duse d'interpréter une pièce de M. Pierre Frondaie — parce que M. Pierre Frondaie, pour camper son protagoniste de *l'Appassionata*, se serait, prétendent-ils, inspiré de la vie magnifique, tumultueuse, héroïque et désordonnée du grand d'Annunzio. Or, M. Pierre Frondaie a affirmé qu'il n'en était rien avec une netteté qui ne laisse pas place à la discussion pour ceux qui connaissent son caractère et ses sentiments italophiles. Trop de dissemblances témoignent d'ailleurs qu'aucune comparaison, aucun rapprochement sérieux ne peuvent être faits entre les deux personnages, l'imaginaire et le réel. Les fascistes sont décidément sans pitié — et sans facultés de discernement. Mais n'est-elle pas très caractéristique de notre époque agitée et troublée, cette mise à l'index, par un groupement politique autant que social, pour de fallacieuses raisons de personne, d'une œuvre qui n'est vraiment qu'une œuvre d'art, étrangère s'il en fut à toutes contingences de cet ordre.

GASTON SORBETS.

Paul de Grieux. Ruppert. Emma.

ACTE III. — Scène III (page 23). *Photographies Henri Manuel.*

Le Directeur : RENÉ BASCHET. Imp. de *L'Illustration*, 13, rue Saint-Georges, Paris (9e). — L'Imprimeur-Gérant : A. CHATENET.

www.ingramcontent.com/pod-product-compliance
Lightning Source LLC
LaVergne TN
LVHW052018160826
845678LV00003B/1091

* 9 7 8 2 3 2 9 6 4 2 2 1 5 *